First published in 2017 by
Clarity Media Ltd
www.clarity-media.co.uk

Puzzles created by Dan Moore
Design and layout by Amy Smith

About Clarity Media

Clarity Media are a leading provider of a huge range of puzzles for adults and children. For more information on our services, please visit us at www.pzle.co.uk. For information on purchasing puzzles for publication, visit us at www.clarity-media.co.uk

Puzzle Magazines

If you enjoy the puzzles in this book, then you may be interested in our puzzle magazines. We have a very large range of magazines that you can download and print yourself in PDF format at our Puzzle Magazine site. For more information, take a look at
www.puzzle-magazine.com

Online Puzzles

If you prefer to play puzzles online, please take a look at the Puzzle Club website at www.thepuzzleclub.com

For more puzzle books visit
WWW.PUZZLE-BOOK.CO.UK

W9-AAN-903

Instructions

Welcome to this fantastic collection of the classic pastime that is Hangman. This simple yet fun game has been loved for decades and enjoyed by young and old alike. Here, we have added a simple little twist which allows a *single player* to play the puzzles. Below are solving tips and instructions on how to do so. We hope you enjoy them!

The game has been broken into two steps so that when you refer to the letter guide for answers, you don't accidentally see which letters are placed. The puzzles are also played in two levels. The first 50 puzzles are 'Level 1' which is a slightly easier version of the game because the hang-man has 8 body parts to hang instead of 6. The 2 additions are the feet, as shown on the first puzzle to the right. Puzzles 51-100 are 'Level 2' which have 6 body parts so there are less chances to guess!

Looking at the example below, you (the solver) could guess letter A, you would see in the right column that letter A is paired with number 4. You would then look up 4 in the solution boxes and see that the letters 1 & 7 are A so you can write it in, as shown below.

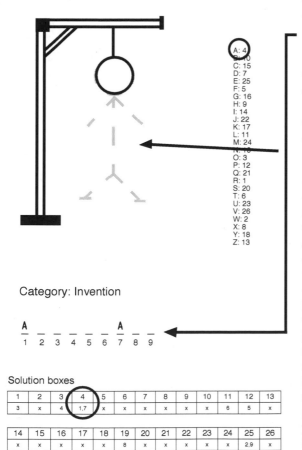

Next, you could guess Y. Y=18 but by seeing an 'x' in the box for number 18 you know Y isn't there and so you forfeit one of the 6/8 parts of the hangman by filling in the body part (either the head, left arm, right arm, body, left leg, right leg or two feet, as shown to the left). You continue to follow these steps until you have either guessed the word(s) correctly, or the hangman has been hung! That will result in the loss of the game but you can always turn to the answers towards the back of the book to see what the answer is. More often that not, with only some letters filled in, you will be able to guess the words or phrase with the information you have. A category clue has been given on each puzzle to help you out. Can you solve them all?

A: 4
B: 10
C: 15
D: 7
E: 25
F: 5
G: 16
H: 9
I: 14
J: 22
K: 17
L: 11
M: 24
N: 19
O: 3
P: 12
Q: 21
R: 1
S: 20
T: 6
U: 23
V: 26
W: 2
X: 8
Y: 18
Z: 13

Category: Invention

$\underset{1}{\text{A}}$ $\underset{2}{\text{\_}}$ $\underset{3}{\text{\_}}$ $\underset{4}{\text{\_}}$ $\underset{5}{\text{\_}}$ $\underset{6}{\text{\_}}$ $\underset{7}{\text{A}}$ $\underset{8}{\text{\_}}$ $\underset{9}{\text{\_}}$

Solution boxes

1	2	3	4	5	6	7	8	9	10	11	12	13
3	x	4	1,7	x	x	x	x	x	x	6	5	x

14	15	16	17	18	19	20	21	22	23	24	25	26
x	x	x	x	x	8	x	x	x	x	x	2,9	x

Hang-man No. 1

Level 1

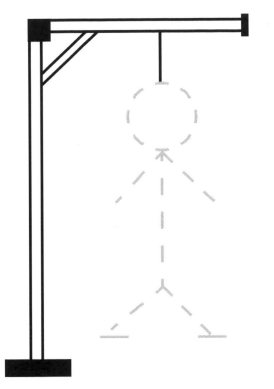

A: 2
B: 26
C: 19
D: 22
E: 7
F: 12
G: 11
H: 13
I: 18
J: 1
K: 4
L: 16
M: 6
N: 20
O: 14
P: 17
Q: 21
R: 3
S: 23
T: 5
U: 10
V: 24
W: 8
X: 25
Y: 9
Z: 15

Category: Art

— — — — — — — — — — —
1 2 3 4 5 6 7 8 9 10 11

1	2	3	4	5	6	7	8	9	10	11	12	13
x	x	x	x	5	11	x	x	x	x	x	x	x

14	15	16	17	18	19	20	21	22	23	24	25	26
2	x	7,8	1	3,6,9	x	4	x	x	10	x	x	x

Hang-man No. 2

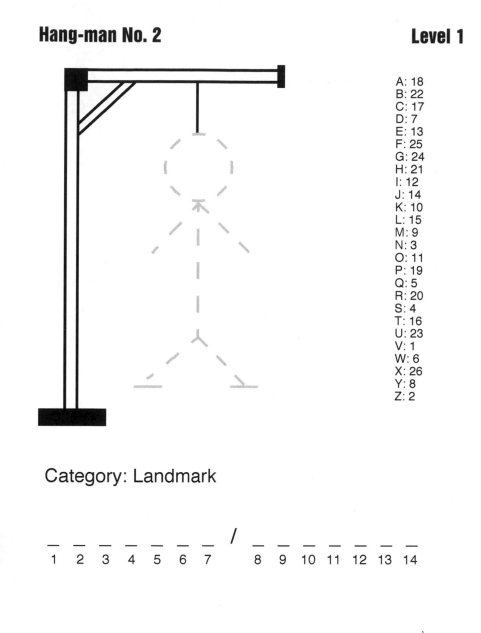

A: 18
B: 22
C: 17
D: 7
E: 13
F: 25
G: 24
H: 21
I: 12
J: 14
K: 10
L: 15
M: 9
N: 3
O: 11
P: 19
Q: 5
R: 20
S: 4
T: 16
U: 23
V: 1
W: 6
X: 26
Y: 8
Z: 2

Category: Landmark

$\underline{}\ \underline{}\ \underline{}\ \underline{}\ \underline{}\ \underline{}\ \underline{}\ /\ \underline{}\ \underline{}\ \underline{}\ \underline{}\ \underline{}\ \underline{}\ \underline{}$

1 2 3 4 5 6 7   8 9 10 11 12 13 14

1	2	3	4	5	6	7	8	9	10	11	12	13
x	x	x	1	x	x	6	x	10	x	x	11,13	x

14	15	16	17	18	19	20	21	22	23	24	25	26
x	12	x	x	2,5,7, 9,14	x	4	x	x	x	3	8	x

Hang-man No. 3

Level 1

A: 19
B: 9
C: 7
D: 8
E: 2
F: 22
G: 18
H: 4
I: 1
J: 17
K: 12
L: 20
M: 25
N: 11
O: 14
P: 26
Q: 16
R: 23
S: 5
T: 3
U: 24
V: 15
W: 21
X: 13
Y: 10
Z: 6

Category: Statue

_ _ _ _ _ / _ _ / _ _ _ _
1 2 3 4 5   6 7   8 9 10 11

1	2	3	4	5	6	7	8	9	10	11	12	13
9	2,7	x	x	5	x	x	6	x	x	3	x	x

14	15	16	17	18	19	20	21	22	23	24	25	26
11	1	x	x	x	x	10	x	x	x	4	8	x

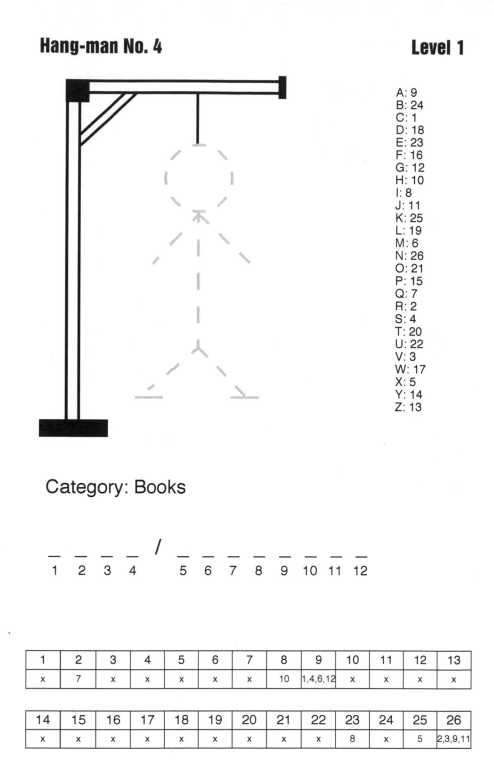

A: 9
B: 24
C: 1
D: 18
E: 23
F: 16
G: 12
H: 10
I: 8
J: 11
K: 25
L: 19
M: 6
N: 26
O: 21
P: 15
Q: 7
R: 2
S: 4
T: 20
U: 22
V: 3
W: 17
X: 5
Y: 14
Z: 13

Category: Books

$\underline{}_{1} \ \underline{}_{2} \ \underline{}_{3} \ \underline{}_{4} \ / \ \underline{}_{5} \ \underline{}_{6} \ \underline{}_{7} \ \underline{}_{8} \ \underline{}_{9} \ \underline{}_{10} \ \underline{}_{11} \ \underline{}_{12}$

1	2	3	4	5	6	7	8	9	10	11	12	13
x	7	x	x	x	x	x	10	1,4,6,12	x	x	x	x

14	15	16	17	18	19	20	21	22	23	24	25	26
x	x	x	x	x	x	x	x	x	8	x	5	2,3,9,11

Hang-man No. 5

Level 1

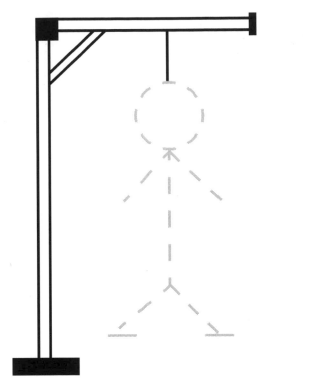

A: 18
B: 2
C: 16
D: 20
E: 6
F: 10
G: 15
H: 1
I: 14
J: 12
K: 21
L: 24
M: 9
N: 22
O: 23
P: 5
Q: 25
R: 4
S: 3
T: 19
U: 8
V: 11
W: 26
X: 17
Y: 7
Z: 13

Category: Book

_ _ _ _ _ / _ _ _ _ _ _ _ _ _ _ _ _
1 2 3 4 5   6 7 8 9 10 11 12 13 14 15 16 17

1	2	3	4	5	6	7	8	9	10	11	12	13
x	x	17	2	8	3,6,9	x	x	x	x	x	x	x

14	15	16	17	18	19	20	21	22	23	24	25	26
14	1	10	7	4,12	5,11,13	x	x	16	15	x	x	x

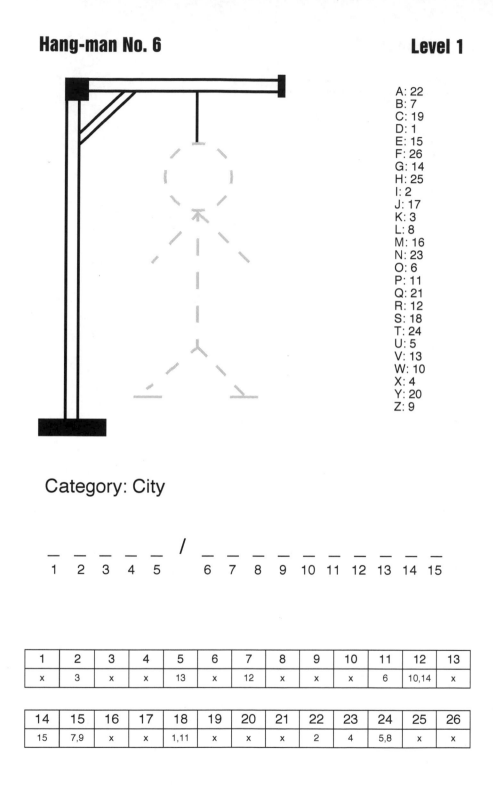

A: 22
B: 7
C: 19
D: 1
E: 15
F: 26
G: 14
H: 25
I: 2
J: 17
K: 3
L: 8
M: 16
N: 23
O: 6
P: 11
Q: 21
R: 12
S: 18
T: 24
U: 5
V: 13
W: 10
X: 4
Y: 20
Z: 9

Category: City

_ _ _ _ _ / _ _ _ _ _ _ _ _ _ _
1 2 3 4 5   6 7 8 9 10 11 12 13 14 15

1	2	3	4	5	6	7	8	9	10	11	12	13
x	3	x	x	13	x	12	x	x	x	6	10,14	x

14	15	16	17	18	19	20	21	22	23	24	25	26
15	7,9	x	x	1,11	x	x	x	2	4	5,8	x	x

Hang-man No. 7

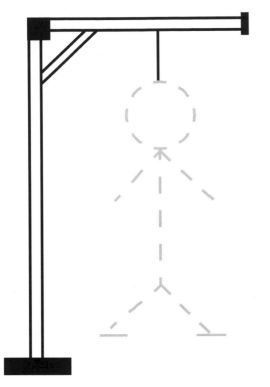

A: 4
B: 23
C: 11
D: 3
E: 13
F: 1
G: 14
H: 24
I: 20
J: 2
K: 19
L: 10
M: 26
N: 15
O: 16
P: 9
Q: 21
R: 7
S: 17
T: 18
U: 12
V: 6
W: 22
X: 25
Y: 5
Z: 8

Category: Bird

$\overline{}$ $\overline{}$ $\overline{}$ $\overline{}$ $\overline{}$ $\overline{}$ $\overline{}$ $\overline{}$ $\overline{}$ $\overline{}$
  1   2   3   4   5   6   7   8   9   10

1	2	3	4	5	6	7	8	9	10	11	12	13
5	x	x	x	x	x	10	x	x	x	x	x	9

14	15	16	17	18	19	20	21	22	23	24	25	26
4	3	x	7	x	1	2,6	x	x	x	8	x	x

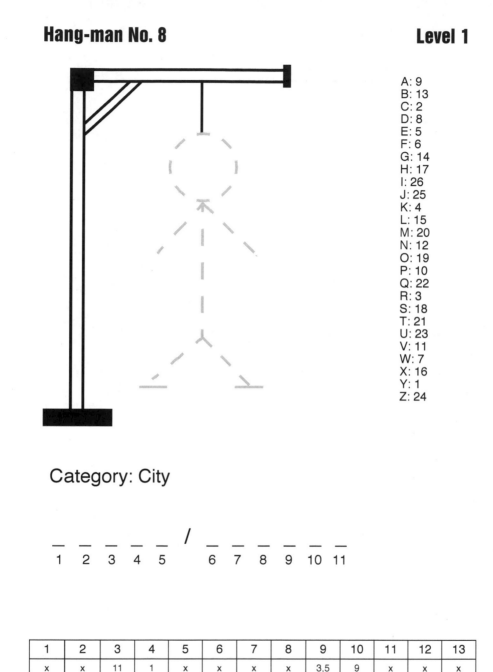

A: 9
B: 13
C: 2
D: 8
E: 5
F: 6
G: 14
H: 17
I: 26
J: 25
K: 4
L: 15
M: 20
N: 12
O: 19
P: 10
Q: 22
R: 3
S: 18
T: 21
U: 23
V: 11
W: 7
X: 16
Y: 1
Z: 24

Category: City

__ __ __ __ __ / __ __ __ __ __ __
1   2   3   4   5   6   7   8   9 10 11

1	2	3	4	5	6	7	8	9	10	11	12	13
x	x	11	1	x	x	x	x	3,5	9	x	x	x

14	15	16	17	18	19	20	21	22	23	24	25	26
x	4,6	x	x	x	x	8	x	x	2,7,10	x	x	x

Hang-man No. 9

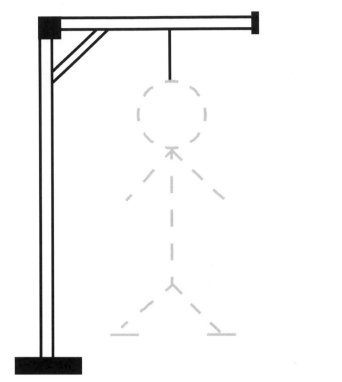

A: 7
B: 8
C: 9
D: 18
E: 21
F: 20
G: 25
H: 4
I: 2
J: 19
K: 15
L: 24
M: 12
N: 22
O: 11
P: 13
Q: 17
R: 14
S: 23
T: 3
U: 26
V: 10
W: 5
X: 16
Y: 1
Z: 6

Category: Food

__ __ __ __ / __ __ __ / __ __ __ __ __
1 2 3 4   5 6 7   8 9 10 11 12

1	2	3	4	5	6	7	8	9	10	11	12	13
x	2,10	x	4,9	x	x	5	x	8	x	x	x	11

14	15	16	17	18	19	20	21	22	23	24	25	26
x	x	x	x	7	x	1	x	6	3,12	x	x	x

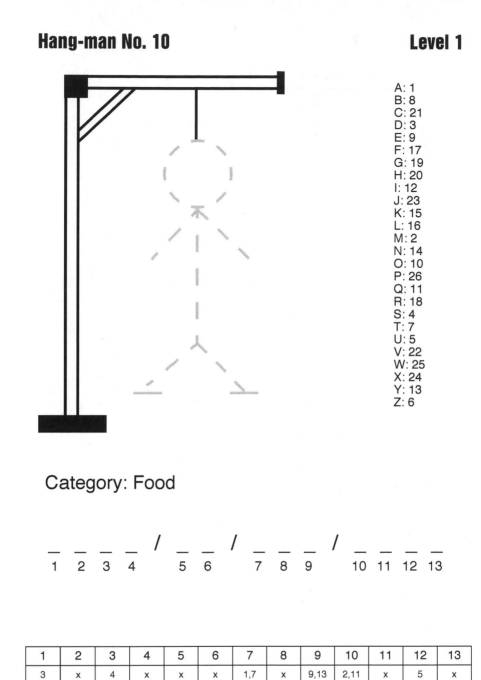

A: 1
B: 8
C: 21
D: 3
E: 9
F: 17
G: 19
H: 20
I: 12
J: 23
K: 15
L: 16
M: 2
N: 14
O: 10
P: 26
Q: 11
R: 18
S: 4
T: 7
U: 5
V: 22
W: 25
X: 24
Y: 13
Z: 6

Category: Food

$\underline{}\ \underline{}\ \underline{}\ \underline{}\ /\ \underline{}\ \underline{}\ /\ \underline{}\ \underline{}\ \underline{}\ /\ \underline{}\ \underline{}\ \underline{}\ \underline{}$

  1   2   3   4   5   6   7   8   9   10 11 12 13

1	2	3	4	5	6	7	8	9	10	11	12	13
3	x	4	x	x	x	1,7	x	9,13	2,11	x	5	x

14	15	16	17	18	19	20	21	22	23	24	25	26
6	x	12	x	x	x	8,10	x	x	x	x	x	x

Hang-man No. 11

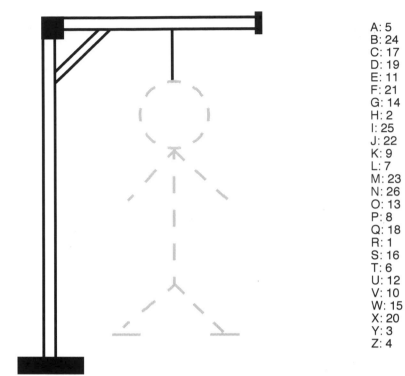

A: 5
B: 24
C: 17
D: 19
E: 11
F: 21
G: 14
H: 2
I: 25
J: 22
K: 9
L: 7
M: 23
N: 26
O: 13
P: 8
Q: 18
R: 1
S: 16
T: 6
U: 12
V: 10
W: 15
X: 20
Y: 3
Z: 4

Category: London

_ _ _ _ _ _ _ _ _ / _ _ _ _ _ _
1 2 3 4 5 6 7 8 9   10 11 12 13 14 15

1	2	3	4	5	6	7	8	9	10	11	12	13
2,9,14	x	x	x	3,5,8,13	1	6	x	x	x	15	12	x

14	15	16	17	18	19	20	21	22	23	24	25	26
7	x	10	x	11	x	x	4	x	x	x	x	x

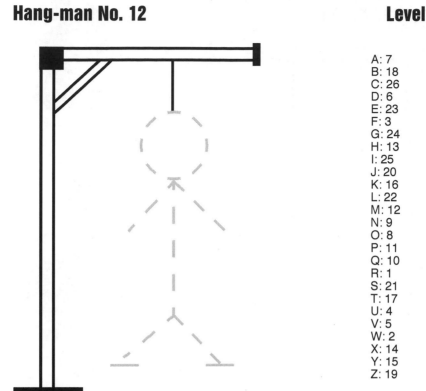

A: 7
B: 18
C: 26
D: 6
E: 23
F: 3
G: 24
H: 13
I: 25
J: 20
K: 16
L: 22
M: 12
N: 9
O: 8
P: 11
Q: 10
R: 1
S: 21
T: 17
U: 4
V: 5
W: 2
X: 14
Y: 15
Z: 19

Category: Sporting event

__ __ __ __ __ __ __ __ __ __ / __ __ __ __
1   2   3   4   5   6   7   8   9   10   11   12   13   14

1	2	3	4	5	6	7	8	9	10	11	12	13
5	x	x	2	x	x	1,6,9	11	10,14	x	12	x	x

14	15	16	17	18	19	20	21	22	23	24	25	26
x	x	x	4	x	x	x	3	7	13	x	8	x

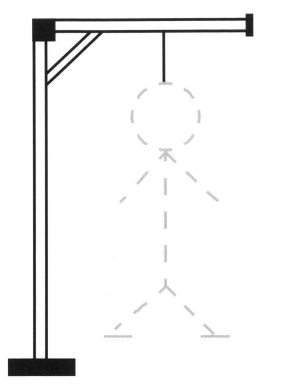

A: 19
B: 14
C: 16
D: 1
E: 15
F: 6
G: 21
H: 12
I: 5
J: 7
K: 24
L: 20
M: 17
N: 18
O: 10
P: 22
Q: 23
R: 26
S: 11
T: 8
U: 4
V: 3
W: 13
X: 9
Y: 25
Z: 2

Category: Philosophy

_ _ _ _ _ _ _ _ _ / _ _ _ _ _ _ _ _ _
1 2 3 4 5 6 7 8 9   10 11 12 13 14 15 16 17 18

1	2	3	4	5	6	7	8	9	10	11	12	13
5	14	x	x	3,7,11	1	x	13	x	x	15	9,17	x

14	15	16	17	18	19	20	21	22	23	24	25	26
x	4,12,18	8,16	x	10	x	x	x	x	x	x	x	2,6

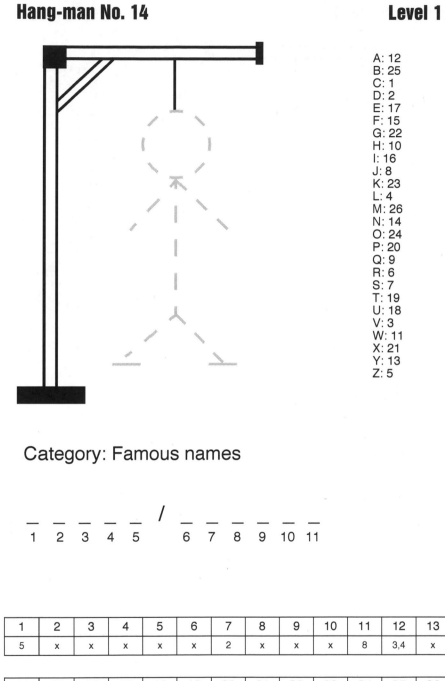

A: 12
B: 25
C: 1
D: 2
E: 17
F: 15
G: 22
H: 10
I: 16
J: 8
K: 23
L: 4
M: 26
N: 14
O: 24
P: 20
Q: 9
R: 6
S: 7
T: 19
U: 18
V: 3
W: 11
X: 21
Y: 13
Z: 5

Category: Famous names

__ __ __ __ __ / __ __ __ __ __ __
1 2 3 4 5   6 7 8 9 10 11

1	2	3	4	5	6	7	8	9	10	11	12	13
5	x	x	x	x	x	2	x	x	x	8	3,4	x

14	15	16	17	18	19	20	21	22	23	24	25	26
6,11	x	1	7	x	9	x	x	x	x	10	x	x

A: 10
B: 11
C: 3
D: 15
E: 18
F: 4
G: 14
H: 25
I: 17
J: 20
K: 6
L: 1
M: 21
N: 5
O: 24
P: 16
Q: 2
R: 23
S: 13
T: 12
U: 7
V: 19
W: 26
X: 9
Y: 8
Z: 22

Category: Famous names

— — — — — — — — — — —   /   — — — — — — — —
1   2   3   4   5   6   7   8   9   10 11   12 13 14 15 16 17 18 19

1	2	3	4	5	6	7	8	9	10	11	12	13
14	x	1,12	x	x	x	15,18	x	x	x	17	6	5,19

14	15	16	17	18	19	20	21	22	23	24	25	26
x	x	8	4	10	x	x	16	x	3,11	7,13	2,9	x

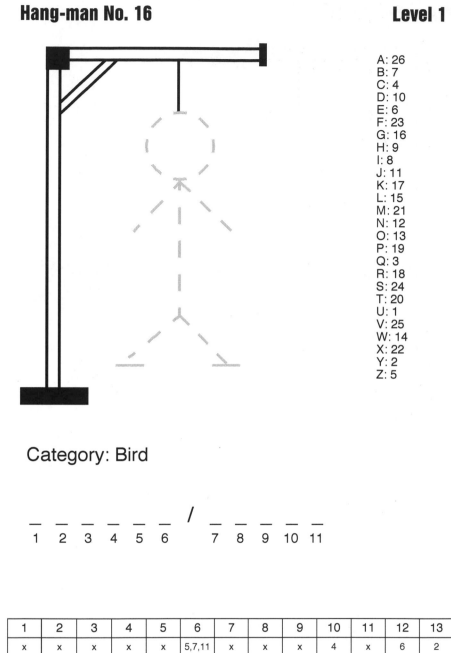

A: 26
B: 7
C: 4
D: 10
E: 6
F: 23
G: 16
H: 9
I: 8
J: 11
K: 17
L: 15
M: 21
N: 12
O: 13
P: 19
Q: 3
R: 18
S: 24
T: 20
U: 1
V: 25
W: 14
X: 22
Y: 2
Z: 5

Category: Bird

$\underline{}$ $\underline{}$ $\underline{}$ $\underline{}$ $\underline{}$ $\underline{}$ / $\underline{}$ $\underline{}$ $\underline{}$ $\underline{}$ $\underline{}$

1 2 3 4 5 6   7 8 9 10 11

1	2	3	4	5	6	7	8	9	10	11	12	13
x	x	x	x	x	5,7,11	x	x	x	4	x	6	2

14	15	16	17	18	19	20	21	22	23	24	25	26
x	3,10	1,9	x	x	x	x	x	x	x	x	x	8

A: 19
B: 10
C: 14
D: 26
E: 13
F: 21
G: 22
H: 2
I: 1
J: 16
K: 25
L: 15
M: 7
N: 4
O: 23
P: 18
Q: 12
R: 3
S: 5
T: 17
U: 11
V: 20
W: 8
X: 9
Y: 6
Z: 24

Category: Author

$\underline{\quad}_1 \ \underline{\quad}_2 \ \underline{\quad}_3 \ \underline{\quad}_4 \ \underline{\quad}_5 \ \underline{\quad}_6 \ / \ \underline{\quad}_7 \ \underline{\quad}_8 \ \underline{\quad}_9 \ \underline{\quad}_{10} \ \underline{\quad}_{11} \ \underline{\quad}_{12} \ \underline{\quad}_{13} \ \underline{\quad}_{14}$

1	2	3	4	5	6	7	8	9	10	11	12	13
10,13	5,8	9	x	11	x	x	x	x	x	x	x	14

14	15	16	17	18	19	20	21	22	23	24	25	26
7	x	x	4,12	x	1,3,6	x	x	2	x	x	x	x

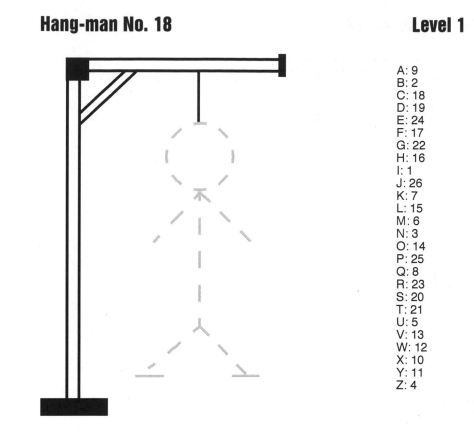

A: 9
B: 2
C: 18
D: 19
E: 24
F: 17
G: 22
H: 16
I: 1
J: 26
K: 7
L: 15
M: 6
N: 3
O: 14
P: 25
Q: 8
R: 23
S: 20
T: 21
U: 5
V: 13
W: 12
X: 10
Y: 11
Z: 4

Category: Famous names

_ _ _ _ _ _ _ / _ _ _ _
1 2 3 4 5 6 7   8 9 10 11

1	2	3	4	5	6	7	8	9	10	11	12	13
6	x	7	x	x	x	11	x	2,5	x	x	x	x

14	15	16	17	18	19	20	21	22	23	24	25	26
9,10	x	x	x	1,8	x	x	4	x	x	x	3	x

Hang-man No. 19

Level 1

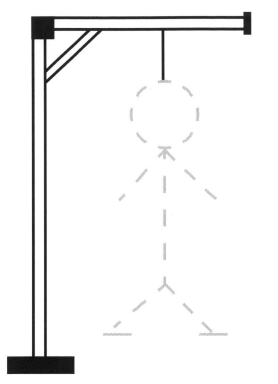

A: 4
B: 16
C: 7
D: 24
E: 18
F: 9
G: 15
H: 21
I: 20
J: 10
K: 17
L: 22
M: 23
N: 13
O: 6
P: 19
Q: 11
R: 26
S: 5
T: 25
U: 3
V: 12
W: 8
X: 2
Y: 14
Z: 1

Category: Drink

— — — — — — — — — — — —
1　2　3　4　5　6　7　8　9　10　11　12

1	2	3	4	5	6	7	8	9	10	11	12	13
x	x	x	11	3	2,5,7	1	x	x	x	x	x	12

14	15	16	17	18	19	20	21	22	23	24	25	26
x	x	x	x	x	6	9	x	8	4	x	10	x

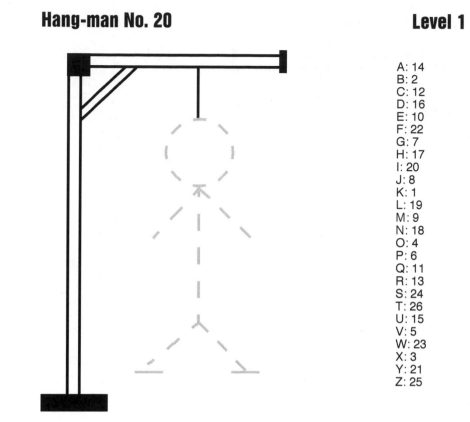

A: 14
B: 2
C: 12
D: 16
E: 10
F: 22
G: 7
H: 17
I: 20
J: 8
K: 1
L: 19
M: 9
N: 18
O: 4
P: 6
Q: 11
R: 13
S: 24
T: 26
U: 15
V: 5
W: 23
X: 3
Y: 21
Z: 25

Category: Book

$\dfrac{}{1}$ $\dfrac{}{2}$ $\dfrac{}{3}$ / $\dfrac{}{4}$ $\dfrac{}{5}$ $\dfrac{}{6}$ $\dfrac{}{7}$ $\dfrac{}{8}$ $\dfrac{}{9}$ $\dfrac{}{10}$

1	2	3	4	5	6	7	8	9	10	11	12	13
x	x	7	2,8	x	x	x	x	x	10	4	x	x

14	15	16	17	18	19	20	21	22	23	24	25	26
x	5	1	x	3	x	6	x	x	x	x	x	9

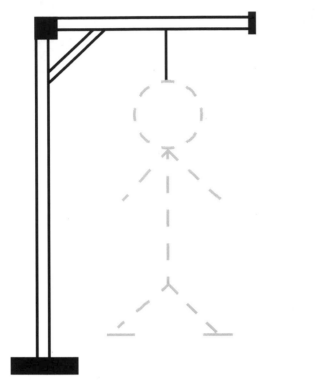

A: 22
B: 7
C: 11
D: 16
E: 10
F: 19
G: 18
H: 3
I: 26
J: 15
K: 8
L: 9
M: 23
N: 14
O: 21
P: 12
Q: 5
R: 25
S: 24
T: 1
U: 6
V: 13
W: 17
X: 20
Y: 4
Z: 2

Category: Travel

$\underline{}\ \underline{}\ \underline{}\ \underline{}\ \underline{}\ \underline{}\ /\ \underline{}\ \underline{}\ \underline{}\ \underline{}\ \underline{}\ \underline{}\ \underline{}$

1　2　3　4　5　6　　7　8　9　10　11　12　13

1	2	3	4	5	6	7	8	9	10	11	12	13
x	x	x	x	x	x	7	x	x	x	x	x	x

14	15	16	17	18	19	20	21	22	23	24	25	26
x	11	3,6	x	x	x	x	x	2,8, 10,12	1	13	4,9	5

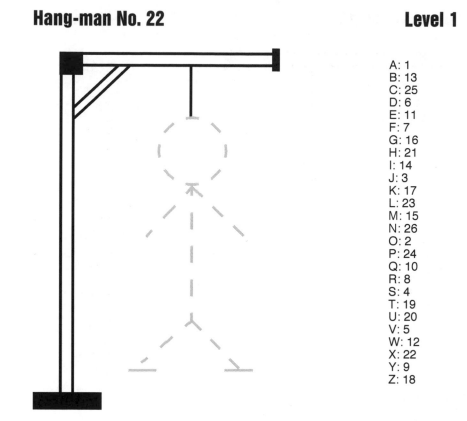

A: 1
B: 13
C: 25
D: 6
E: 11
F: 7
G: 16
H: 21
I: 14
J: 3
K: 17
L: 23
M: 15
N: 26
O: 2
P: 24
Q: 10
R: 8
S: 4
T: 19
U: 20
V: 5
W: 12
X: 22
Y: 9
Z: 18

Category: Geography

_ _ _ _ _ _ _ _ _ _ _ _ _ / _ _ _

1 2 3 4 5 6 7 8 9 10 11 12 13   14 15 16

1	2	3	4	5	6	7	8	9	10	11	12	13
9,12,16	x	x	14	x	3	x	7,8	x	x	2,6, 11,15	x	x

14	15	16	17	18	19	20	21	22	23	24	25	26
4	1	x	x	x	5	x	x	x	x	x	x	10,13

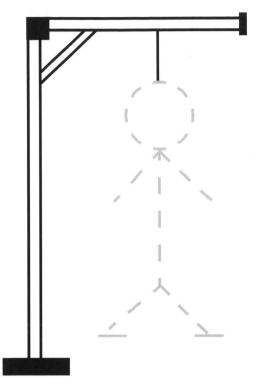

A: 2
B: 26
C: 19
D: 22
E: 7
F: 12
G: 11
H: 13
I: 18
J: 1
K: 4
L: 16
M: 6
N: 20
O: 14
P: 17
Q: 21
R: 3
S: 23
T: 5
U: 10
V: 24
W: 8
X: 25
Y: 9
Z: 15

Category: Art

___	___	___	___	___	___	___	___	___	___	___
1	2	3	4	5	6	7	8	9	10	11

1	2	3	4	5	6	7	8	9	10	11	12	13
x	x	x	x	5	11	x	x	x	x	x	x	x

14	15	16	17	18	19	20	21	22	23	24	25	26
2	x	7,8	1	3,6,9	x	4	x	x	10	x	x	x

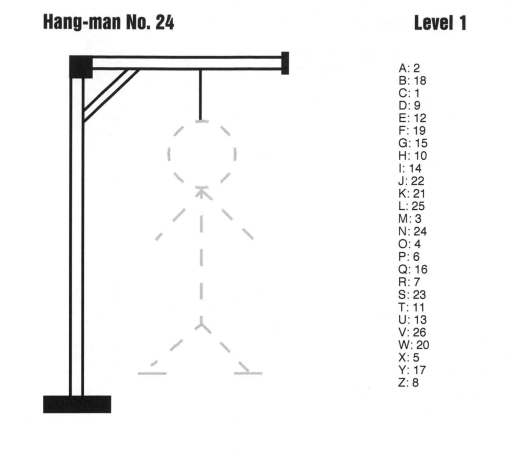

A: 2
B: 18
C: 1
D: 9
E: 12
F: 19
G: 15
H: 10
I: 14
J: 22
K: 21
L: 25
M: 3
N: 24
O: 4
P: 6
Q: 16
R: 7
S: 23
T: 11
U: 13
V: 26
W: 20
X: 5
Y: 17
Z: 8

Category: Nursery rhyme

$\_\ \_\ \_\ /\ \_\ \_\ \_\ /\ \_\ \_\ \_\ \_\ \_\ /\ \_\ \_\ \_\ \_\ \_$

1 2 3   4 5 6   7 8 9 10 11   12 13 14 15 16

1	2	3	4	5	6	7	8	9	10	11	12	13
10	2,3,5,6,9	x	x	x	16	x	x	x	13	x	14,15	x

14	15	16	17	18	19	20	21	22	23	24	25	26
x	x	x	x	1,4,7	x	x	11	x	12	x	8	x

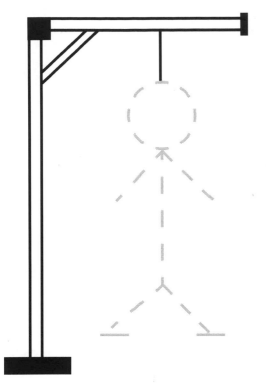

A: 21
B: 13
C: 25
D: 5
E: 14
F: 12
G: 7
H: 6
I: 22
J: 4
K: 16
L: 9
M: 15
N: 23
O: 18
P: 17
Q: 24
R: 1
S: 2
T: 3
U: 20
V: 11
W: 26
X: 8
Y: 19
Z: 10

Category: Nature

$\overline{}$ $\overline{}$ $\overline{}$ $\overline{}$ $\overline{}$ $\overline{}$ $\overline{}$ $\overline{}$ $\overline{}$
  1   2   3   4   5   6   7   8   9

1	2	3	4	5	6	7	8	9	10	11	12	13
9	x	7	x	x	x	5	x	2,3	x	x	x	x

14	15	16	17	18	19	20	21	22	23	24	25	26
x	x	x	x	8	x	x	1,6	4	x	x	x	x

Hang-man No. 26

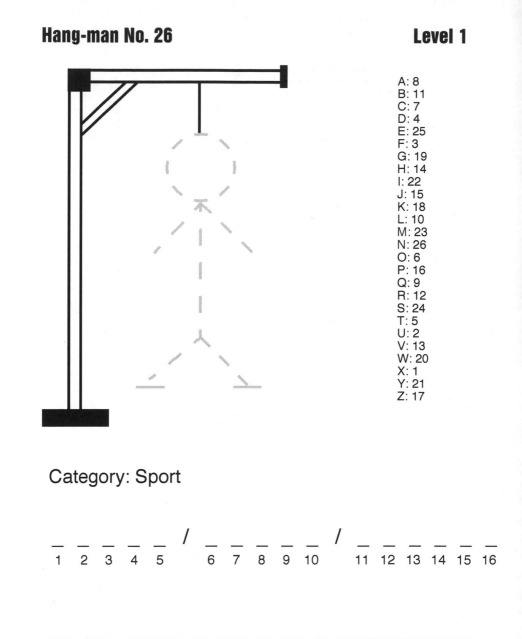

A: 8
B: 11
C: 7
D: 4
E: 25
F: 3
G: 19
H: 14
I: 22
J: 15
K: 18
L: 10
M: 23
N: 26
O: 6
P: 16
Q: 9
R: 12
S: 24
T: 5
U: 2
V: 13
W: 20
X: 1
Y: 21
Z: 17

Category: Sport

$\frac{\quad}{1}\ \frac{\quad}{2}\ \frac{\quad}{3}\ \frac{\quad}{4}\ \frac{\quad}{5}\ /\ \frac{\quad}{6}\ \frac{\quad}{7}\ \frac{\quad}{8}\ \frac{\quad}{9}\ \frac{\quad}{10}\ /\ \frac{\quad}{11}\ \frac{\quad}{12}\ \frac{\quad}{13}\ \frac{\quad}{14}\ \frac{\quad}{15}\ \frac{\quad}{16}$

1	2	3	4	5	6	7	8	9	10	11	12	13
x	2	x	x	10,11	13	x	x	x	3	x	6,12	x

14	15	16	17	18	19	20	21	22	23	24	25	26
15	1	14	x	x	x	x	16	7	8	5	4,9	x

A: 7
B: 20
C: 24
D: 23
E: 25
F: 15
G: 18
H: 11
I: 13
J: 21
K: 14
L: 2
M: 4
N: 19
O: 6
P: 8
Q: 9
R: 10
S: 5
T: 3
U: 1
V: 26
W: 17
X: 22
Y: 12
Z: 16

Category: Famous names

_ _ _ _ _ / _ _ _ _ _ _ _ _ _
1 2 3 4 5   6 7 8 9 10 11 12 13 14

1	2	3	4	5	6	7	8	9	10	11	12	13
2	7	13	x	x	x	10	x	1	x	14	x	8

14	15	16	17	18	19	20	21	22	23	24	25	26
x	x	9	x	x	5	11	x	x	x	x	3,4,6,12	x

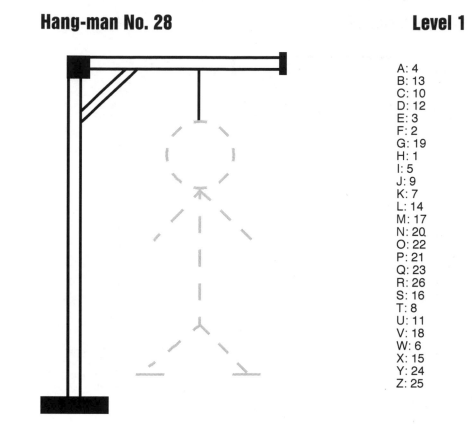

A: 4
B: 13
C: 10
D: 12
E: 3
F: 2
G: 19
H: 1
I: 5
J: 9
K: 7
L: 14
M: 17
N: 20
O: 22
P: 21
Q: 23
R: 26
S: 16
T: 8
U: 11
V: 18
W: 6
X: 15
Y: 24
Z: 25

Category: City

—	—	—	—	—	—	—	—	—	—
1	2	3	4	5	6	7	8	9	10

1	2	3	4	5	6	7	8	9	10	11	12	13
x	5	x	2,10	4,9	x	x	x	x	1	x	x	x

14	15	16	17	18	19	20	21	22	23	24	25	26
3	x	x	x	x	x	8	x	6	x	x	x	7

A: 18
B: 15
C: 19
D: 8
E: 16
F: 11
G: 23
H: 24
I: 26
J: 20
K: 1
L: 6
M: 7
N: 2
O: 21
P: 9
Q: 13
R: 3
S: 4
T: 14
U: 10
V: 25
W: 17
X: 22
Y: 12
Z: 5

Category: Fairy tales

_ _ _ _ _ _ _ _ / _ _ _ _ _
1 2 3 4 5 6 7 8   9 10 11 12 13

1	2	3	4	5	6	7	8	9	10	11	12	13
x	x	2,7,10	8	x	x	12,13	x	x	x	x	x	x

14	15	16	17	18	19	20	21	22	23	24	25	26
4	1	6	x	x	x	x	3	x	9	5	x	11

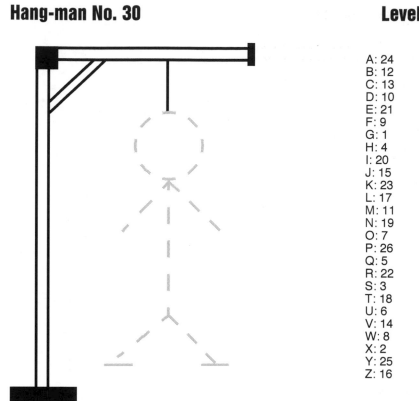

A: 24
B: 12
C: 13
D: 10
E: 21
F: 9
G: 1
H: 4
I: 20
J: 15
K: 23
L: 17
M: 11
N: 19
O: 7
P: 26
Q: 5
R: 22
S: 3
T: 18
U: 6
V: 14
W: 8
X: 2
Y: 25
Z: 16

Category: Science

__ __ __ __ __ __ __ / __ __ __ __ __ __ __ __ __
1 2 3 4 5 6 7   8 9 10 11 12 13 14 15 16

1	2	3	4	5	6	7	8	9	10	11	12	13
x	x	16	11	1	2,6	x	x	x	x	7,8	x	10,15

14	15	16	17	18	19	20	21	22	23	24	25	26
x	x	x	x	5	4,13	14	9	x	x	3,12	x	x

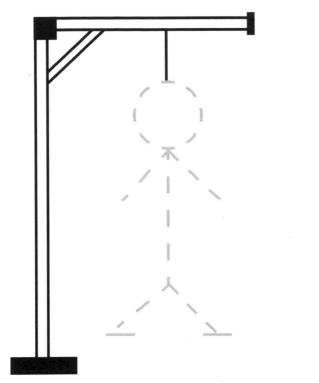

A: 23
B: 15
C: 5
D: 21
E: 12
F: 16
G: 8
H: 24
I: 2
J: 11
K: 10
L: 26
M: 17
N: 14
O: 19
P: 9
Q: 22
R: 7
S: 1
T: 13
U: 25
V: 20
W: 4
X: 6
Y: 3
Z: 18

Category: Music

```
_  _  _  _  _  _  _   /   _  _  _  _  _  _  _
1  2  3  4  5  6  7       8  9  10 11 12 13 14
```

1	2	3	4	5	6	7	8	9	10	11	12	13
x	6,9,14	x	x	x	x	x	x	x	x	x	x	3

14	15	16	17	18	19	20	21	22	23	24	25	26
2,5	x	x	x	x	4,7	8,10	13	x	1,11	x	x	12

Hang-man No. 32

Level 1

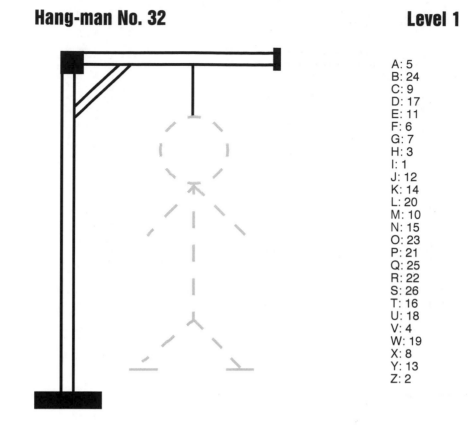

A: 5
B: 24
C: 9
D: 17
E: 11
F: 6
G: 7
H: 3
I: 1
J: 12
K: 14
L: 20
M: 10
N: 15
O: 23
P: 21
Q: 25
R: 22
S: 26
T: 16
U: 18
V: 4
W: 19
X: 8
Y: 13
Z: 2

Category: Fairy tales

‾ ‾ ‾ ‾ ‾ ‾ ‾ ‾ ‾ ‾ ‾ ‾ ‾ ‾ ‾
1 2 3 4 5 6 7 8 9 10 11 12 13 14 15

1	2	3	4	5	6	7	8	9	10	11	12	13
9,14	x	x	x	x	x	x	x	x	3	5	x	x

14	15	16	17	18	19	20	21	22	23	24	25	26
13	15	8,11	x	2	x	6,10	4	1	x	x	x	7,12

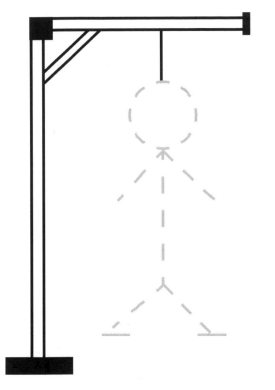

A: 25
B: 4
C: 18
D: 20
E: 13
F: 16
G: 23
H: 10
I: 12
J: 21
K: 2
L: 14
M: 3
N: 19
O: 17
P: 26
Q: 1
R: 5
S: 11
T: 15
U: 24
V: 22
W: 7
X: 6
Y: 8
Z: 9

Category: Landmark

_ _ _ / _ _ _ _ _ / _ _ _ _ _
1 2 3   4 5 6 7 8   9 10 11 12 13

1	2	3	4	5	6	7	8	9	10	11	12	13
x	x	x	x	x	x	4	x	x	2,5,9	12	6	3,8,13

14	15	16	17	18	19	20	21	22	23	24	25	26
x	1,7	x	10	x	x	x	x	x	x	11	x	x

Hang-man No. 34

Level 1

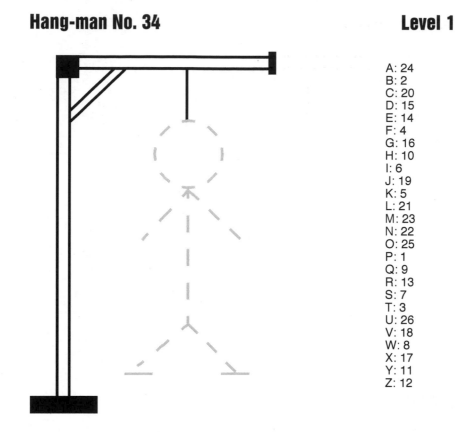

A: 24
B: 2
C: 20
D: 15
E: 14
F: 4
G: 16
H: 10
I: 6
J: 19
K: 5
L: 21
M: 23
N: 22
O: 25
P: 1
Q: 9
R: 13
S: 7
T: 3
U: 26
V: 18
W: 8
X: 17
Y: 11
Z: 12

Category: Books

__ __ __ / __ __ __ __ / __ __ __ __ __ __ __
1 2 3   4 5 6 7   8 9 10 11 12 13 14

1	2	3	4	5	6	7	8	9	10	11	12	13
x	x	1,4	x	x	5,12	x	x	x	2,11	x	x	x

14	15	16	17	18	19	20	21	22	23	24	25	26
3,7,14	x	x	x	x	x	10	x	13	6,8	9	x	x

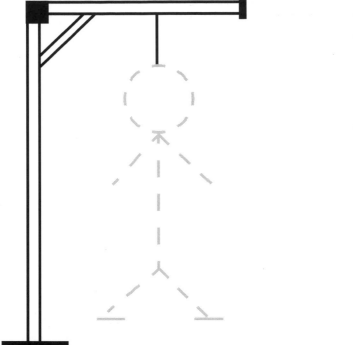

A: 8
B: 15
C: 1
D: 18
E: 23
F: 5
G: 3
H: 25
I: 20
J: 21
K: 11
L: 19
M: 12
N: 22
O: 9
P: 14
Q: 6
R: 24
S: 10
T: 7
U: 2
V: 26
W: 13
X: 4
Y: 16
Z: 17

Category: Author

__ __ __ __ __ __ __ / __ __ __ __ __ __ __ __ __ __ __
1   2   3   4   5   6   7   8   9 10 11 12 13 14 15 16 17 18

1	2	3	4	5	6	7	8	9	10	11	12	13
x	x	x	x	x	x	x	6,10,16	x	8,13	11	7	1

14	15	16	17	18	19	20	21	22	23	24	25	26
14	x	x	x	x	3,4	2,5	x	x	12, 15,18	17	9	x

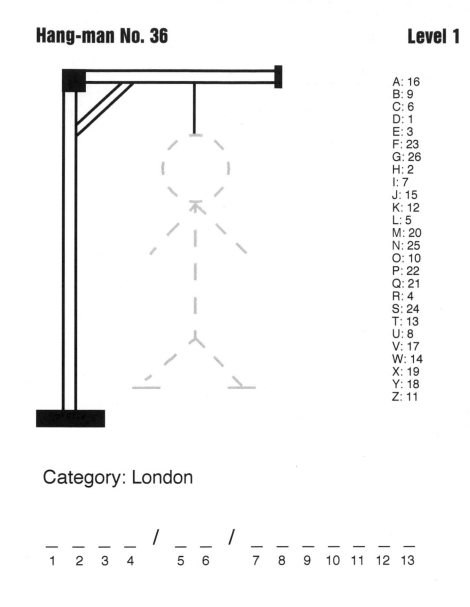

A: 16
B: 9
C: 6
D: 1
E: 3
F: 23
G: 26
H: 2
I: 7
J: 15
K: 12
L: 5
M: 20
N: 25
O: 10
P: 22
Q: 21
R: 4
S: 24
T: 13
U: 8
V: 17
W: 14
X: 19
Y: 18
Z: 11

Category: London

___ ___ ___ ___ / ___ ___ / ___ ___ ___ ___ ___ ___ ___
1   2   3   4   5   6   7   8   9 10 11 12 13

1	2	3	4	5	6	7	8	9	10	11	12	13
13	x	7	x	10	x	x	x	1	5	x	4	x

14	15	16	17	18	19	20	21	22	23	24	25	26
x	x	2,11	x	x	x	x	x	x	6	x	3,8,12	9

Hang-man No. 37

Level 1

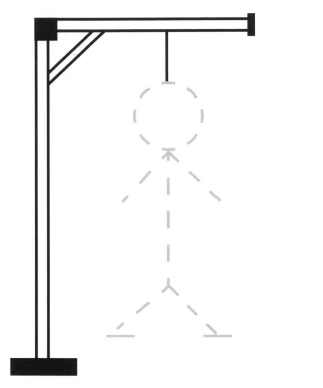

A: 18
B: 11
C: 2
D: 4
E: 25
F: 10
G: 12
H: 7
I: 13
J: 1
K: 16
L: 21
M: 3
N: 5
O: 26
P: 23
Q: 15
R: 14
S: 22
T: 20
U: 9
V: 17
W: 24
X: 8
Y: 19
Z: 6

Category: Landmark

_ _ _ _ _ _ / _ _ _ / _ _ _ _ _ _ _ _
1 2 3 4 5 6   7 8 9   10 11 12 13 14 15 16 17

1	2	3	4	5	6	7	8	9	10	11	12	13
x	1	15	12	x	x	2,8	x	x	x	x	x	4

14	15	16	17	18	19	20	21	22	23	24	25	26
3,10,17	x	x	x	x	x	6,7	x	5	x	x	9,11,13, 14,16	x

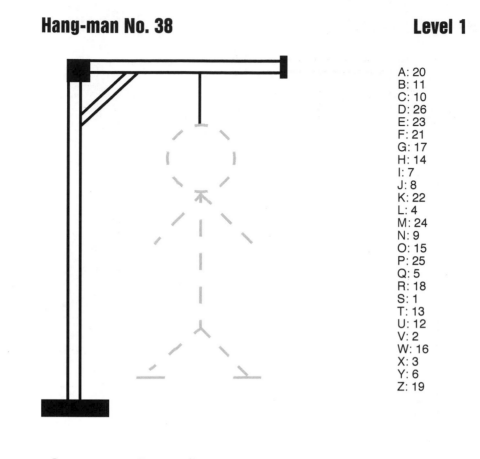

A: 20
B: 11
C: 10
D: 26
E: 23
F: 21
G: 17
H: 14
I: 7
J: 8
K: 22
L: 4
M: 24
N: 9
O: 15
P: 25
Q: 5
R: 18
S: 1
T: 13
U: 12
V: 2
W: 16
X: 3
Y: 6
Z: 19

Category: Butterfly

—	—	—	—	—	—	—	—	—	—	—
1	2	3	4	5	6	7	8	9	10	11

1	2	3	4	5	6	7	8	9	10	11	12	13
1	x	x	4,5,11	x	x	10	x	x	x	x	x	8

14	15	16	17	18	19	20	21	22	23	24	25	26
x	6	2,7	x	x	x	3,9	x	x	x	x	x	x

Hang-man No. 39

Level 1

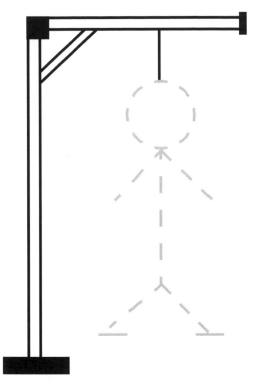

A: 25
B: 20
C: 17
D: 16
E: 26
F: 7
G: 10
H: 21
I: 22
J: 6
K: 1
L: 3
M: 24
N: 5
O: 15
P: 18
Q: 9
R: 4
S: 2
T: 11
U: 14
V: 23
W: 19
X: 12
Y: 8
Z: 13

Category: City

$\overline{}$ $\overline{}$ $\overline{}$ $\overline{}$ $\overline{}$ $\overline{}$ $\overline{}$ $\overline{}$ $\overline{}$
 1   2   3   4   5   6   7   8   9

1	2	3	4	5	6	7	8	9	10	11	12	13
x	x	x	5	x	x	x	x	x	8	x	x	x

14	15	16	17	18	19	20	21	22	23	24	25	26
x	x	7	1	x	x	4	x	6	x	3	2	9

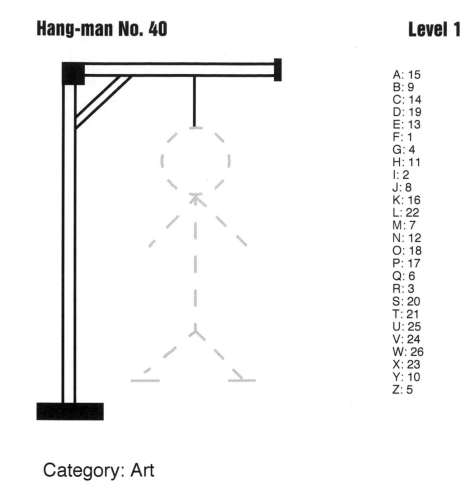

A: 15
B: 9
C: 14
D: 19
E: 13
F: 1
G: 4
H: 11
I: 2
J: 8
K: 16
L: 22
M: 7
N: 12
O: 18
P: 17
Q: 6
R: 3
S: 20
T: 21
U: 25
V: 24
W: 26
X: 23
Y: 10
Z: 5

Category: Art

— — — — — — — — — — — — —
1 2 3 4 5 6 7 8 9 10 11 12 13

1	2	3	4	5	6	7	8	9	10	11	12	13
x	1,8,11	4	x	x	x	2,13	x	x	x	x	10	5

14	15	16	17	18	19	20	21	22	23	24	25	26
x	x	x	3	9	x	6,7,12	x	x	x	x	x	x

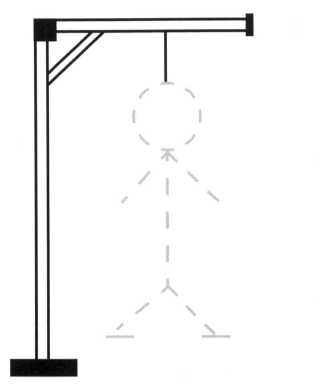

A: 2
B: 14
C: 24
D: 26
E: 17
F: 6
G: 19
H: 13
I: 21
J: 23
K: 25
L: 11
M: 12
N: 4
O: 5
P: 1
Q: 22
R: 9
S: 8
T: 10
U: 7
V: 3
W: 15
X: 20
Y: 18
Z: 16

Category: Film

_ _ _ _ / _ _ / _ _ _ / _ _ _ _ _ _
1 2 3 4   5 6   7 8 9   10 11 12 13 14 15

1	2	3	4	5	6	7	8	9	10	11	12	13
x	2	x	x	6	10	11,13	x	14	5,7,12	x	x	8

14	15	16	17	18	19	20	21	22	23	24	25	26
1	x	x	9,15	x	x	x	x	x	x	3	4	x

Hang-man No. 42

Level 1

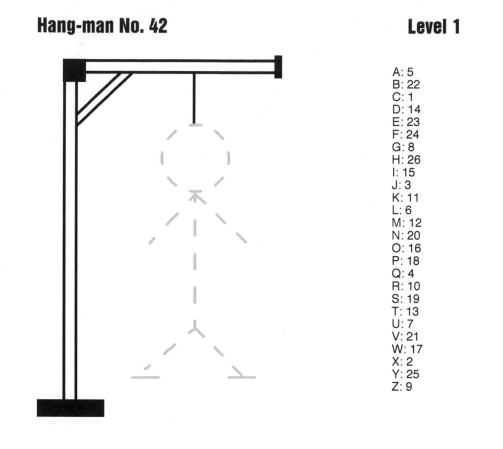

A: 5
B: 22
C: 1
D: 14
E: 23
F: 24
G: 8
H: 26
I: 15
J: 3
K: 11
L: 6
M: 12
N: 20
O: 16
P: 18
Q: 4
R: 10
S: 19
T: 13
U: 7
V: 21
W: 17
X: 2
Y: 25
Z: 9

Category: Book

_ _ _ _ _ / _ _ _ / _ _ _ _ _ _ _ _ _
1 2 3 4 5   6 7 8   9 10 11 12 13 14 15 16 17

1	2	3	4	5	6	7	8	9	10	11	12	13
16	x	12	x	6	x	13	x	x	2,10	x	x	x

14	15	16	17	18	19	20	21	22	23	24	25	26
4,8,14	3,15	x	x	1,9	x	7	x	x	5,11,17	x	x	x

Hang-man No. 43

A: 22
B: 13
C: 18
D: 6
E: 7
F: 4
G: 24
H: 26
I: 5
J: 15
K: 3
L: 9
M: 2
N: 11
O: 10
P: 20
Q: 17
R: 19
S: 16
T: 25
U: 1
V: 8
W: 12
X: 14
Y: 21
Z: 23

Category: Hard to spell

$\overline{}$ $\overline{}$ $\overline{}$ $\overline{}$ $\overline{}$ $\overline{}$ $\overline{}$ $\overline{}$ $\overline{}$ $\overline{}$
 1   2   3   4   5   6   7   8   9   10

1	2	3	4	5	6	7	8	9	10	11	12	13
5	x	x	x	8	x	x	x	x	10	9	x	x

14	15	16	17	18	19	20	21	22	23	24	25	26
x	x	x	x	1,6,7	x	3,4	x	2	x	x	x	x

Hang-man No. 44

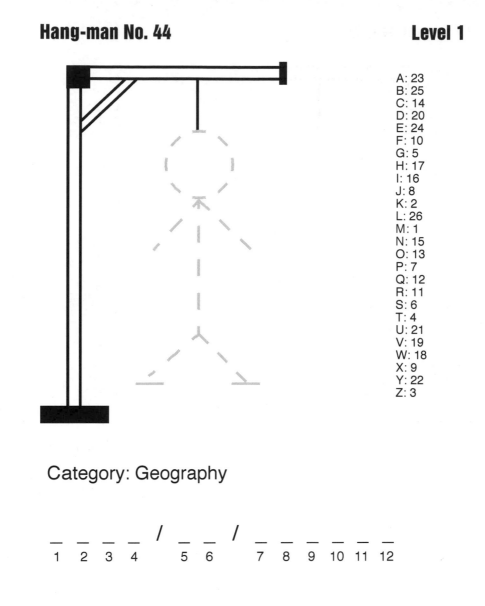

A: 23
B: 25
C: 14
D: 20
E: 24
F: 10
G: 5
H: 17
I: 16
J: 8
K: 2
L: 26
M: 1
N: 15
O: 13
P: 7
Q: 12
R: 11
S: 6
T: 4
U: 21
V: 19
W: 18
X: 9
Y: 22
Z: 3

Category: Geography

```
_  _  _  _   /  _  _   /  _  _  _  _  _  _
1  2  3  4      5  6      7  8  9  10 11 12
```

1	2	3	4	5	6	7	8	9	10	11	12	13
x	x	x	x	x	x	x	x	x	6,8	3,9	x	2,5

14	15	16	17	18	19	20	21	22	23	24	25	26
11	4	10	1	x	x	x	x	x	7,12	x	x	x

Hang-man No. 45

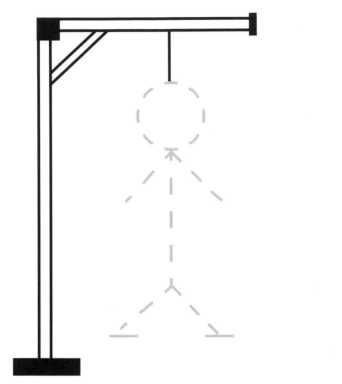

A: 1
B: 25
C: 9
D: 11
E: 26
F: 13
G: 19
H: 6
I: 10
J: 12
K: 18
L: 2
M: 15
N: 4
O: 3
P: 5
Q: 7
R: 14
S: 21
T: 16
U: 24
V: 22
W: 8
X: 20
Y: 17
Z: 23

Category: Fairy tales

_ _ _ _ _ _ / _ _ _ / _ _ _ _ _ _
1 2 3 4 5 6   7 8 9   10 11 12 13 14 15

1	2	3	4	5	6	7	8	9	10	11	12	13
2,7	6,15	x	3,8	x	1	x	x	x	x	9	x	x

14	15	16	17	18	19	20	21	22	23	24	25	26
11	x	13	x	x	10	x	4	x	x	x	x	5,12,14

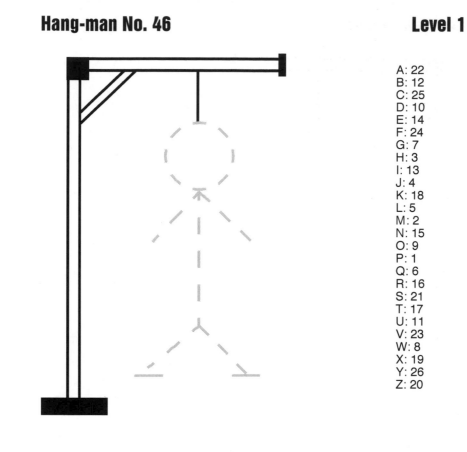

A: 22
B: 12
C: 25
D: 10
E: 14
F: 24
G: 7
H: 3
I: 13
J: 4
K: 18
L: 5
M: 2
N: 15
O: 9
P: 1
Q: 6
R: 16
S: 21
T: 17
U: 11
V: 23
W: 8
X: 19
Y: 26
Z: 20

Category: Gem

—	—	—	—	—	—	—	—	—	—
1	2	3	4	5	6	7	8	9	10

1	2	3	4	5	6	7	8	9	10	11	12	13
x	5	x	x	7	x	x	x	2	x	3	x	8

14	15	16	17	18	19	20	21	22	23	24	25	26
10	9	4	1	x	x	x	x	6	x	x	x	x

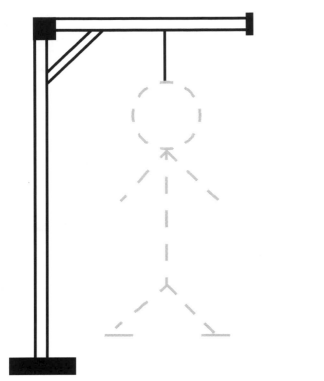

A: 12
B: 17
C: 1
D: 15
E: 9
F: 8
G: 21
H: 23
I: 14
J: 3
K: 11
L: 22
M: 5
N: 20
O: 25
P: 4
Q: 16
R: 26
S: 2
T: 6
U: 19
V: 18
W: 13
X: 7
Y: 10
Z: 24

Category: Art

_ _ _ _ _ _ _ / _ _ _ / _ _ _ _
1 2 3 4 5 6 7   8 9 10   11 12 13 14

1	2	3	4	5	6	7	8	9	10	11	12	13
4	x	x	x	x	7	x	x	5	x	x	9	x

14	15	16	17	18	19	20	21	22	23	24	25	26
2	x	x	x	1,8	x	3,6,10	11,13	x	14	x	12	x

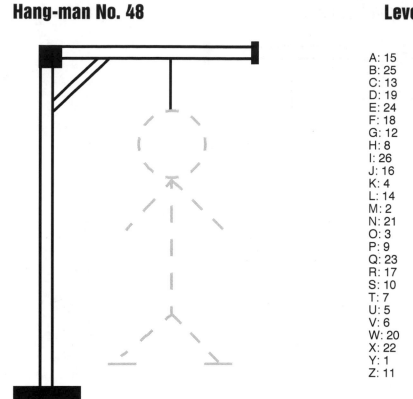

A: 15
B: 25
C: 13
D: 19
E: 24
F: 18
G: 12
H: 8
I: 26
J: 16
K: 4
L: 14
M: 2
N: 21
O: 3
P: 9
Q: 23
R: 17
S: 10
T: 7
U: 5
V: 6
W: 20
X: 22
Y: 1
Z: 11

Category: Books

$\underline{\hphantom{x}}\ \underline{\hphantom{x}}\ \underline{\hphantom{x}}\ \underline{\hphantom{x}}\ \underline{\hphantom{x}}\ \underline{\hphantom{x}}\ \underline{\hphantom{x}}\ \underline{\hphantom{x}}\ /\ \underline{\hphantom{x}}\ \underline{\hphantom{x}}\ \underline{\hphantom{x}}\ \underline{\hphantom{x}}\ \underline{\hphantom{x}}\ \underline{\hphantom{x}}$

1 2 3 4 5 6 7 8   9 10 11 12 13 14

1	2	3	4	5	6	7	8	9	10	11	12	13
x	x	x	x	6	x	1	x	x	5,10	x	x	x

14	15	16	17	18	19	20	21	22	23	24	25	26
11	4,12	x	2,7	x	14	x	13	x	x	3,8	x	9

Hang-man No. 49

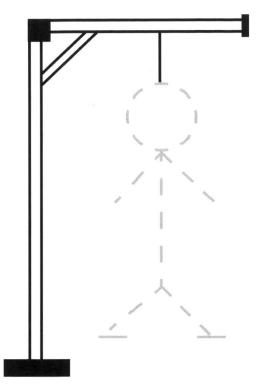

A: 14
B: 20
C: 19
D: 26
E: 3
F: 2
G: 24
H: 8
I: 11
J: 25
K: 4
L: 6
M: 21
N: 12
O: 18
P: 13
Q: 10
R: 9
S: 7
T: 1
U: 17
V: 15
W: 5
X: 22
Y: 16
Z: 23

Category: Invention

__ __ __ __ __ __ __ __ __
1 2 3 4 5 6 7 8 9

1	2	3	4	5	6	7	8	9	10	11	12	13
1	x	2,4,9	x	x	3	x	6	x	x	x	8	5

14	15	16	17	18	19	20	21	22	23	24	25	26
x	x	x	x	7	x	x	x	x	x	x	x	x

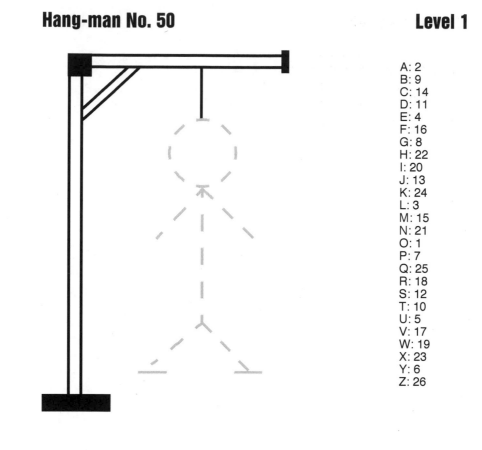

A: 2
B: 9
C: 14
D: 11
E: 4
F: 16
G: 8
H: 22
I: 20
J: 13
K: 24
L: 3
M: 15
N: 21
O: 1
P: 7
Q: 25
R: 18
S: 12
T: 10
U: 5
V: 17
W: 19
X: 23
Y: 6
Z: 26

Category: Nature

| _ | _ | _ | _ | _ | _ | / | _ | _ | _ | _ | _ |
| 1 | 2 | 3 | 4 | 5 | 6 | | 7 | 8 | 9 | 10 | 11 |

1	2	3	4	5	6	7	8	9	10	11	12	13
x	x	3	5	x	x	x	x	7	x	x	1	x

14	15	16	17	18	19	20	21	22	23	24	25	26
10	x	x	4	6,9	x	2,8	x	11	x	x	x	x

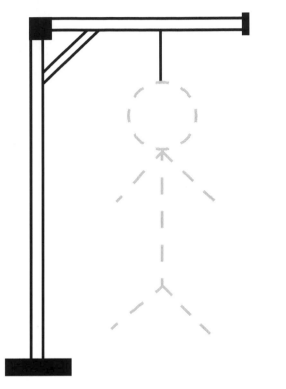

A: 17
B: 8
C: 14
D: 13
E: 21
F: 26
G: 6
H: 15
I: 5
J: 11
K: 20
L: 9
M: 23
N: 19
O: 24
P: 16
Q: 1
R: 4
S: 25
T: 2
U: 12
V: 7
W: 10
X: 22
Y: 18
Z: 3

Category: Pigment

__ __ __ __ __ __ __ __ __ __ __
1   2   3   4   5   6   7   8   9 10 11

1	2	3	4	5	6	7	8	9	10	11	12	13
x	3	x	4,8	9	x	x	x	2	x	x	1	x

14	15	16	17	18	19	20	21	22	23	24	25	26
x	x	x	5,7	x	10	x	11	x	6	x	x	x

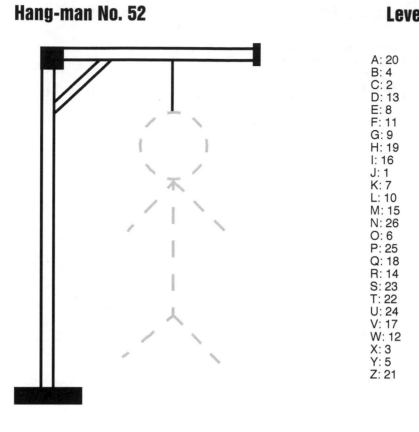

A: 20
B: 4
C: 2
D: 13
E: 8
F: 11
G: 9
H: 19
I: 16
J: 1
K: 7
L: 10
M: 15
N: 26
O: 6
P: 25
Q: 18
R: 14
S: 23
T: 22
U: 24
V: 17
W: 12
X: 3
Y: 5
Z: 21

Category: Famous names

_ _ _ _ _ _ _ / _ _ _ _ _ _ _
1 2 3 4 5 6 7   8 9 10 11 12 13 14

1	2	3	4	5	6	7	8	9	10	11	12	13
x	3	x	x	14	x	x	6	x	7	8	x	12

14	15	16	17	18	19	20	21	22	23	24	25	26
10	1	2	x	x	4	5,9, 11,13	x	x	x	x	x	x

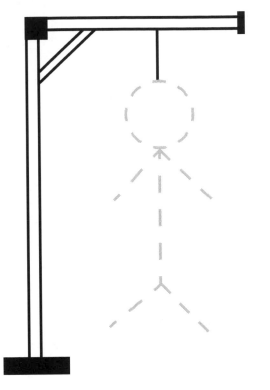

A: 15
B: 6
C: 8
D: 20
E: 18
F: 9
G: 5
H: 19
I: 1
J: 26
K: 12
L: 7
M: 24
N: 11
O: 13
P: 23
Q: 3
R: 21
S: 14
T: 16
U: 17
V: 22
W: 10
X: 4
Y: 2
Z: 25

Category: Space

— — — — — — — — —
1 2 3 4 5 6 7 8 9

1	2	3	4	5	6	7	8	9	10	11	12	13
x	x	x	x	x	x	x	x	x	x	2	x	5

14	15	16	17	18	19	20	21	22	23	24	25	26
x	1,9	x	x	7	x	3,8	4	x	x	6	x	x

A: 24
B: 12
C: 26
D: 2
E: 18
F: 17
G: 8
H: 20
I: 10
J: 25
K: 1
L: 7
M: 22
N: 16
O: 14
P: 15
Q: 5
R: 4
S: 9
T: 6
U: 21
V: 3
W: 23
X: 19
Y: 11
Z: 13

Category: Nature

$\overline{}$ $\overline{}$ $\overline{}$ $\overline{}$ $\overline{}$ $\overline{}$ $\overline{}$ $\overline{}$ $\overline{}$ $\overline{}$
 1   2   3   4   5   6   7   8   9   10

1	2	3	4	5	6	7	8	9	10	11	12	13
x	1,6	x	x	x	x	4	x	10	2	x	x	x

14	15	16	17	18	19	20	21	22	23	24	25	26
5,7	3	x	x	x	x	x	9	x	x	x	x	8

Hang-man No. 55

Level 2

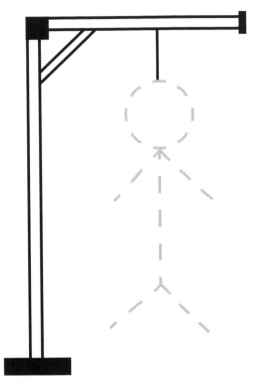

A: 6
B: 19
C: 17
D: 12
E: 22
F: 1
G: 24
H: 9
I: 25
J: 8
K: 23
L: 5
M: 21
N: 13
O: 20
P: 4
Q: 18
R: 11
S: 26
T: 15
U: 14
V: 10
W: 3
X: 7
Y: 2
Z: 16

Category: City

—	—	—	—	—	—	—
1	2	3	4	5	6	7

1	2	3	4	5	6	7	8	9	10	11	12	13
6,7	x	x	x	x	2	x	x	x	x	3	4	x

14	15	16	17	18	19	20	21	22	23	24	25	26
x	x	x	1	x	x	x	x	x	x	x	5	x

Hang-man No. 56

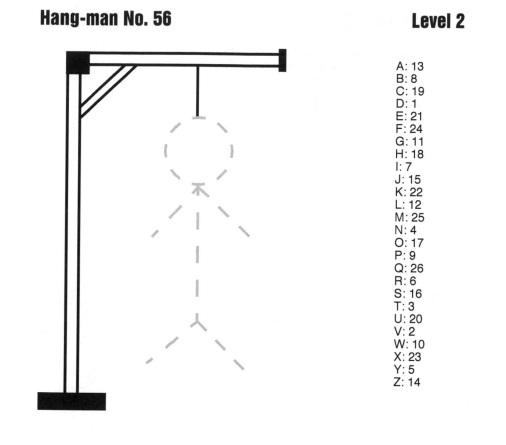

A: 13
B: 8
C: 19
D: 1
E: 21
F: 24
G: 11
H: 18
I: 7
J: 15
K: 22
L: 12
M: 25
N: 4
O: 17
P: 9
Q: 26
R: 6
S: 16
T: 3
U: 20
V: 2
W: 10
X: 23
Y: 5
Z: 14

Category: Event

_ _ _ _ _ _ / _ _ / _ _ _ _ _ _ _ _
1 2 3 4 5 6   7 8   9 10 11 12 13 14 15 16

1	2	3	4	5	6	7	8	9	10	11	12	13
x	x	3,4,11	x	x	13	x	1	x	9	x	5,14	2,10

14	15	16	17	18	19	20	21	22	23	24	25	26
x	x	x	7,15,16	x	x	x	6,12	x	x	8	x	x

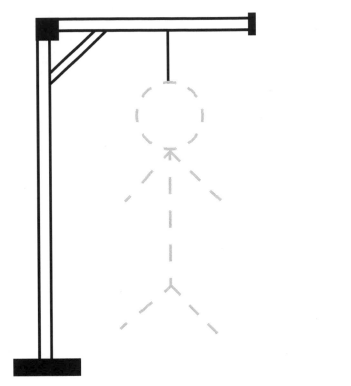

A: 19
B: 2
C: 16
D: 11
E: 17
F: 3
G: 14
H: 10
I: 15
J: 13
K: 12
L: 26
M: 7
N: 6
O: 21
P: 25
Q: 1
R: 23
S: 20
T: 4
U: 9
V: 8
W: 18
X: 5
Y: 22
Z: 24

Category: Famous names

```
_  _  _  _  _  _  _   /   _  _  _   /   _  _  _  _  _  _  _  _  _
1  2  3  4  5  6  7       8  9  10      11 12 13 14 15 16 17 18 19
```

1	2	3	4	5	6	7	8	9	10	11	12	13
x	x	x	8,19	x	14	x	x	x	4,9,15	7	x	x

14	15	16	17	18	19	20	21	22	23	24	25	26
x	2,12	3	10,16	x	5,17	x	13	x	1,6,18	x	x	11

Hang-man No. 58

A: 16
B: 17
C: 3
D: 23
E: 7
F: 26
G: 11
H: 18
I: 8
J: 24
K: 2
L: 15
M: 21
N: 14
O: 9
P: 4
Q: 13
R: 12
S: 19
T: 10
U: 20
V: 22
W: 6
X: 1
Y: 25
Z: 5

Category: US President

$\underline{}_{1} \ \underline{}_{2} \ \underline{}_{3} \ \underline{}_{4} \ \underline{}_{5} \ \underline{}_{6} \ / \ \underline{}_{7} \ \underline{}_{8} \ \underline{}_{9} \ \underline{}_{10} \ \underline{}_{11} \ \underline{}_{12} \ \underline{}_{13} \ \underline{}_{14} \ \underline{}_{15} \ \underline{}_{16}$

1	2	3	4	5	6	7	8	9	10	11	12	13
x	x	x	x	x	2,14	7,10,15	3,8	13	6	4	16	x

14	15	16	17	18	19	20	21	22	23	24	25	26
11	x	x	x	5,12	9	x	x	x	1	x	x	x

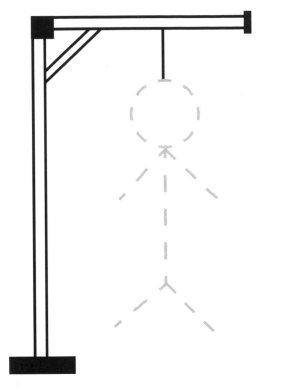

A: 13
B: 14
C: 11
D: 15
E: 18
F: 9
G: 25
H: 24
I: 19
J: 17
K: 16
L: 5
M: 6
N: 22
O: 21
P: 4
Q: 7
R: 23
S: 12
T: 2
U: 10
V: 8
W: 26
X: 20
Y: 3
Z: 1

Category: Food

_ _ _ _ _ _ / _ _ _ _ _
1 2 3 4 5 6   7 8 9 10 11

1	2	3	4	5	6	7	8	9	10	11	12	13
x	11	x	8	9	x	x	x	x	x	x	7	2,4,6

14	15	16	17	18	19	20	21	22	23	24	25	26
1	x	x	x	x	10	x	x	3,5	x	x	x	x

Hang-man No. 60

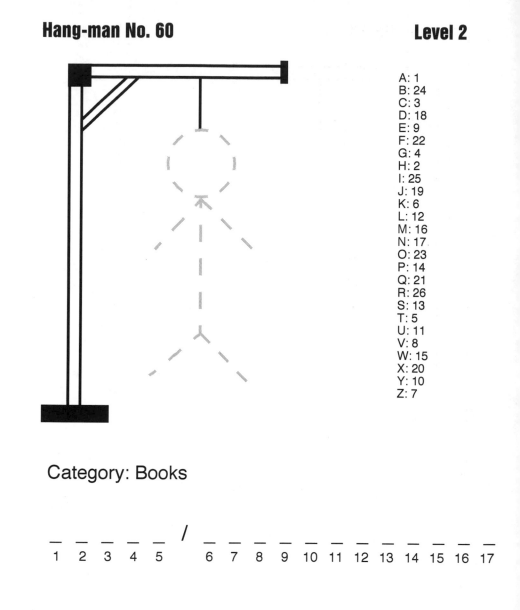

A: 1
B: 24
C: 3
D: 18
E: 9
F: 22
G: 4
H: 2
I: 25
J: 19
K: 6
L: 12
M: 16
N: 17
O: 23
P: 14
Q: 21
R: 26
S: 13
T: 5
U: 11
V: 8
W: 15
X: 20
Y: 10
Z: 7

Category: Books

__ __ __ __ __ / __ __ __ __ __ __ __ __ __ __ __ __
1   2   3   4   5   6   7   8   9 10 11 12 13 14 15 16 17

1	2	3	4	5	6	7	8	9	10	11	12	13
4,12	x	10	1	5,11,13	x	x	x	3,6,9	x	x	x	17

14	15	16	17	18	19	20	21	22	23	24	25	26
8	x	x	16	x	x	7	x	x	15	x	14	2

Hang-man No. 61

Level 2

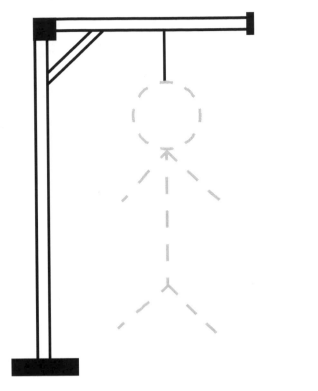

A: 13
B: 9
C: 4
D: 20
E: 7
F: 11
G: 23
H: 1
I: 16
J: 22
K: 6
L: 17
M: 3
N: 19
O: 24
P: 26
Q: 14
R: 18
S: 8
T: 21
U: 25
V: 12
W: 10
X: 2
Y: 15
Z: 5

Category: Books

_ _ _ / _ _ _ / _ _ _ _ _
1 2 3   4 5 6   7 8 9 10 11

1	2	3	4	5	6	7	8	9	10	11	12	13
x	x	x	10	x	x	8,11	x	x	1	x	x	2,4,9

14	15	16	17	18	19	20	21	22	23	24	25	26
x	x	x	x	3	5	6	x	x	x	x	x	7

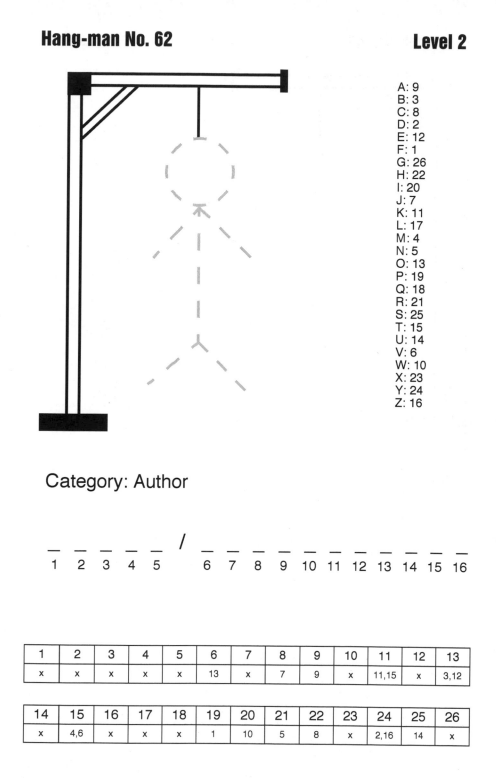

A: 9
B: 3
C: 8
D: 2
E: 12
F: 1
G: 26
H: 22
I: 20
J: 7
K: 11
L: 17
M: 4
N: 5
O: 13
P: 19
Q: 18
R: 21
S: 25
T: 15
U: 14
V: 6
W: 10
X: 23
Y: 24
Z: 16

Category: Author

_ _ _ _ _ / _ _ _ _ _ _ _ _ _ _ _
1 2 3 4 5   6 7 8 9 10 11 12 13 14 15 16

1	2	3	4	5	6	7	8	9	10	11	12	13
x	x	x	x	x	13	x	7	9	x	11,15	x	3,12

14	15	16	17	18	19	20	21	22	23	24	25	26
x	4,6	x	x	x	1	10	5	8	x	2,16	14	x

Hang-man No. 63

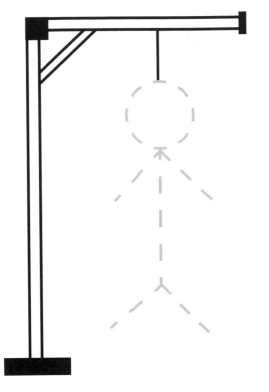

A: 15
B: 22
C: 23
D: 7
E: 2
F: 1
G: 21
H: 4
I: 6
J: 20
K: 19
L: 25
M: 17
N: 10
O: 8
P: 16
Q: 24
R: 13
S: 18
T: 26
U: 14
V: 12
W: 5
X: 9
Y: 3
Z: 11

Category: Geography

— — — — — — — — — — —
1   2   3   4   5   6   7   8   9   10 11

1	2	3	4	5	6	7	8	9	10	11	12	13
x	x	x	x	x	2,4	x	11	x	7	x	x	10

14	15	16	17	18	19	20	21	22	23	24	25	26
x	6,9	x	5	x	1	8	x	x	x	x	3	x

Hang-man No. 64

A: 14
B: 23
C: 5
D: 22
E: 15
F: 3
G: 20
H: 21
I: 11
J: 10
K: 9
L: 13
M: 1
N: 7
O: 25
P: 24
Q: 19
R: 2
S: 4
T: 12
U: 26
V: 8
W: 17
X: 18
Y: 16
Z: 6

Category: Art

__ __ __ __ __ __ __ / __ __ __ __ __
1 2 3 4 5 6 7   8 9 10 11 12

1	2	3	4	5	6	7	8	9	10	11	12	13
8	6	x	x	x	x	10	x	x	x	x	12	x

14	15	16	17	18	19	20	21	22	23	24	25	26
5,9	1,11	x	x	x	x	x	x	2,7	x	x	3	4

Hang-man No. 65

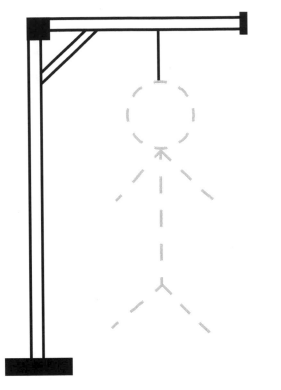

A: 10
B: 3
C: 20
D: 7
E: 16
F: 17
G: 15
H: 1
I: 9
J: 4
K: 24
L: 25
M: 19
N: 8
O: 23
P: 18
Q: 6
R: 14
S: 12
T: 26
U: 22
V: 21
W: 2
X: 11
Y: 5
Z: 13

Category: Invention

_	_	_	_	_	_	_	_	_
1	2	3	4	5	6	7	8	9

1	2	3	4	5	6	7	8	9	10	11	12	13
x	6	x	x	x	x	x	x	2	7	x	x	x

14	15	16	17	18	19	20	21	22	23	24	25	26
4	x	9	x	x	1	3	8	x	5	x	x	x

Category: Flower

__ __ __ __ __ __ __ __
1 2 3 4 5 6 7 8

A: 25
B: 14
C: 24
D: 10
E: 21
F: 15
G: 17
H: 6
I: 16
J: 22
K: 3
L: 13
M: 11
N: 20
O: 1
P: 12
Q: 2
R: 8
S: 18
T: 7
U: 5
V: 9
W: 26
X: 4
Y: 23
Z: 19

1	2	3	4	5	6	7	8	9	10	11	12	13
5	x	x	x	x	x	x	x	x	1,6	x	x	8

14	15	16	17	18	19	20	21	22	23	24	25	26
x	3,4	7	x	x	x	x	x	x	x	x	2	x

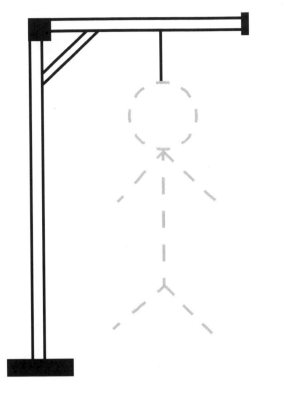

A: 20
B: 14
C: 8
D: 21
E: 22
F: 17
G: 16
H: 4
I: 3
J: 15
K: 6
L: 9
M: 13
N: 7
O: 1
P: 26
Q: 25
R: 23
S: 12
T: 18
U: 10
V: 24
W: 2
X: 5
Y: 19
Z: 11

Category: Award

```
_   _   _   _    /   _   _   _   _   _
1   2   3   4        5   6   7   8   9
```

1	2	3	4	5	6	7	8	9	10	11	12	13
2	x	x	x	x	x	x	x	3,9	x	x	x	5

14	15	16	17	18	19	20	21	22	23	24	25	26
x	x	1	x	x	x	8	4,7	6	x	x	x	x

Hang-man No. 68

A: 11
B: 22
C: 10
D: 23
E: 16
F: 18
G: 1
H: 12
I: 9
J: 2
K: 15
L: 24
M: 13
N: 8
O: 25
P: 17
Q: 14
R: 21
S: 3
T: 4
U: 20
V: 6
W: 19
X: 26
Y: 7
Z: 5

Category: Geography

_ _ _ _ _ / _ _ _ _ _ _ _
1 2 3 4 5   6 7 8 9 10 11 12

1	2	3	4	5	6	7	8	9	10	11	12	13
x	x	11	5,12	x	7	x	4	x	x	x	x	1

14	15	16	17	18	19	20	21	22	23	24	25	26
x	x	6,8,10	x	x	x	3	9	x	x	x	2	x

Hang-man No. 69

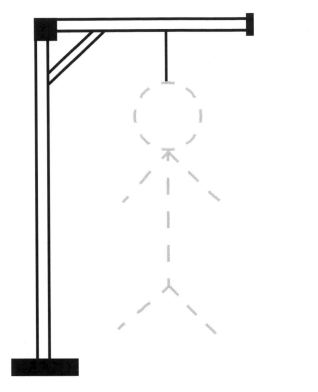

A: 10
B: 19
C: 16
D: 6
E: 21
F: 15
G: 4
H: 23
I: 14
J: 13
K: 7
L: 17
M: 20
N: 5
O: 18
P: 25
Q: 3
R: 12
S: 11
T: 9
U: 22
V: 24
W: 1
X: 26
Y: 2
Z: 8

Category: Art

_ _ _ _ _ _ / _ _ _ _ _ _
1 2 3 4 5 6   7 8 9 10 11 12

1	2	3	4	5	6	7	8	9	10	11	12	13
3	x	x	x	x	2,6	x	x	x	4	x	5,12	x

14	15	16	17	18	19	20	21	22	23	24	25	26
x	x	x	x	8	x	x	1,11	x	7	x	9,10	x

A: 2
B: 3
C: 24
D: 5
E: 18
F: 17
G: 8
H: 13
I: 14
J: 12
K: 21
L: 20
M: 1
N: 7
O: 16
P: 15
Q: 11
R: 4
S: 22
T: 19
U: 6
V: 10
W: 9
X: 23
Y: 26
Z: 25

Category: Philosophy

__ __ __ __ __ __ / __ __ __ __ __ __ __ __ __
1   2   3   4   5   6   7   8   9   10   11   12   13   14   15

1	2	3	4	5	6	7	8	9	10	11	12	13
1	2	x	3,15	10	x	6	12,13	x	x	x	x	7

14	15	16	17	18	19	20	21	22	23	24	25	26
5,9	x	x	x	8,11,14	4	x	x	x	x	x	x	x

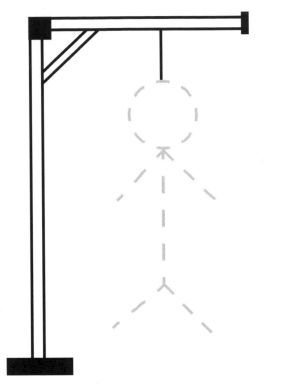

A: 9
B: 11
C: 20
D: 18
E: 16
F: 12
G: 15
H: 8
I: 23
J: 17
K: 26
L: 21
M: 1
N: 6
O: 3
P: 24
Q: 22
R: 25
S: 4
T: 10
U: 13
V: 19
W: 14
X: 5
Y: 7
Z: 2

Category: Space

— — — — — — —
1 2 3 4 5 6 7

1	2	3	4	5	6	7	8	9	10	11	12	13
x	x	x	x	x	x	x	x	x	5	x	x	2

14	15	16	17	18	19	20	21	22	23	24	25	26
x	x	6	1	x	x	x	x	x	4	3	7	x

A: 24
B: 14
C: 2
D: 6
E: 22
F: 11
G: 15
H: 17
I: 13
J: 4
K: 1
L: 5
M: 23
N: 20
O: 8
P: 16
Q: 7
R: 18
S: 26
T: 10
U: 21
V: 19
W: 12
X: 25
Y: 3
Z: 9

Category: Geography

__ __ __ __ __ / __ __ __ __ __ __ __ __
1   2   3   4   5   6   7   8   9   10   11   12   13

1	2	3	4	5	6	7	8	9	10	11	12	13
x	x	x	x	4	x	x	7	x	1,10	x	x	12

14	15	16	17	18	19	20	21	22	23	24	25	26
3	x	x	x	x	x	9,13	8	5	6	2,11	x	x

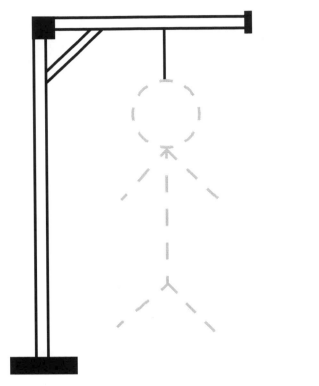

A: 26
B: 15
C: 25
D: 1
E: 14
F: 17
G: 19
H: 5
I: 12
J: 24
K: 23
L: 3
M: 16
N: 2
O: 13
P: 18
Q: 20
R: 11
S: 8
T: 22
U: 6
V: 4
W: 21
X: 10
Y: 7
Z: 9

Category: Geography

_ _ _ _ _ _ _ _ / _ _ / _ _ _ _
1 2 3 4 5 6 7 8   9 10   11 12 13 14

1	2	3	4	5	6	7	8	9	10	11	12	13
7	x	x	x	x	x	2	8	13	x	3	6,12	9

14	15	16	17	18	19	20	21	22	23	24	25	26
x	x	5	10	1	11	x	x	x	x	x	x	4,14

Hang-man No. 74

A: 7
B: 1
C: 9
D: 4
E: 14
F: 23
G: 11
H: 6
I: 22
J: 15
K: 12
L: 5
M: 20
N: 10
O: 19
P: 13
Q: 3
R: 25
S: 2
T: 16
U: 18
V: 17
W: 26
X: 24
Y: 21
Z: 8

Category: Famous names

_ _ _ _ _ _ _ / _ _ _ _ _
1 2 3 4 5 6 7   8 9 10 11 12

1	2	3	4	5	6	7	8	9	10	11	12	13
x	7	x	8	x	x	3,10	x	5	4	x	11	x

14	15	16	17	18	19	20	21	22	23	24	25	26
12	x	x	x	x	x	x	x	6	1	x	2,9	x

Hang-man No. 75

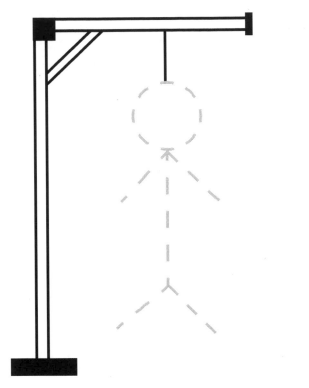

A: 9
B: 22
C: 4
D: 8
E: 18
F: 11
G: 16
H: 14
I: 20
J: 12
K: 21
L: 24
M: 3
N: 25
O: 23
P: 26
Q: 19
R: 2
S: 13
T: 5
U: 7
V: 15
W: 6
X: 17
Y: 10
Z: 1

Category: Food

— — — — — — — — / — — —
1 2 3 4 5 6 7 8   9 10 11

1	2	3	4	5	6	7	8	9	10	11	12	13
7	4	x	x	2	x	x	x	3,6	8	x	x	1

14	15	16	17	18	19	20	21	22	23	24	25	26
x	x	5	x	11	x	10	x	x	x	x	x	9

Hang-man No. 76

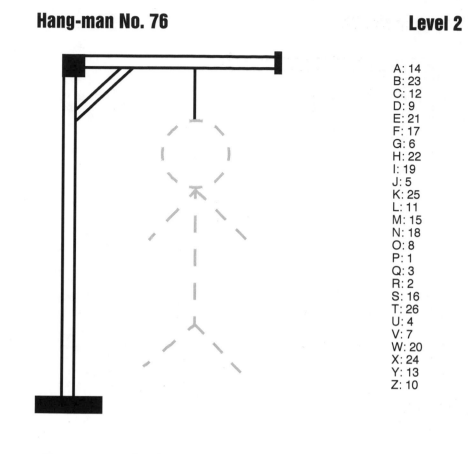

A: 14
B: 23
C: 12
D: 9
E: 21
F: 17
G: 6
H: 22
I: 19
J: 5
K: 25
L: 11
M: 15
N: 18
O: 8
P: 1
Q: 3
R: 2
S: 16
T: 26
U: 4
V: 7
W: 20
X: 24
Y: 13
Z: 10

Category: Religion

```
_   _   _   _   /   _   _   _   /   _   _   _   _   _   _   _
1   2   3   4       5   6   7       8   9  10  11  12  13  14
```

1	2	3	4	5	6	7	8	9	10	11	12	13
10	x	x	x	1	x	x	2	x	x	x	x	x

14	15	16	17	18	19	20	21	22	23	24	25	26
9	x	13	x	4	12	x	7	3,6	8	x	x	5,11,14

Hang-man No. 77

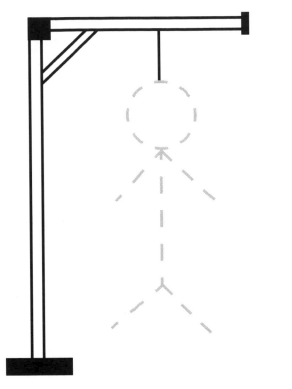

A: 21
B: 26
C: 4
D: 11
E: 10
F: 3
G: 15
H: 9
I: 25
J: 1
K: 7
L: 19
M: 22
N: 24
O: 8
P: 20
Q: 16
R: 14
S: 18
T: 12
U: 13
V: 5
W: 23
X: 17
Y: 6
Z: 2

Category: Landmark

_ _ _ _ _ _ / _ _ _ _ _
1 2 3 4 5 6   7 8 9 10 11

1	2	3	4	5	6	7	8	9	10	11	12	13
x	x	3,4	x	x	x	x	8	x	1,5,10	x	7	x

14	15	16	17	18	19	20	21	22	23	24	25	26
11	x	x	x	x	6	x	x	x	9	x	2	x

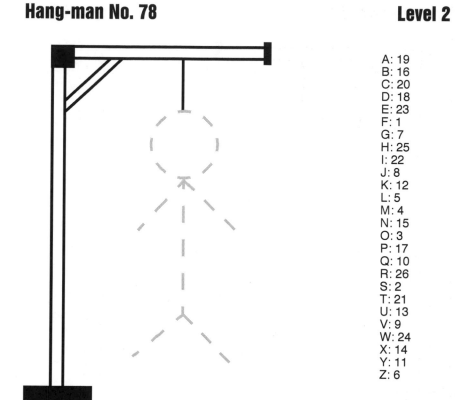

A: 19
B: 16
C: 20
D: 18
E: 23
F: 1
G: 7
H: 25
I: 22
J: 8
K: 12
L: 5
M: 4
N: 15
O: 3
P: 17
Q: 10
R: 26
S: 2
T: 21
U: 13
V: 9
W: 24
X: 14
Y: 11
Z: 6

Category: Food

_ _ _ _ _ _ _ _ _ / _ _ _ _ _ _ _ _ _
1 2 3 4 5 6 7 8 9   10 11 12 13 14 15 16 17 18

1	2	3	4	5	6	7	8	9	10	11	12	13
x	1,17	11,13	x	12	x	4,14	x	x	x	x	x	x

14	15	16	17	18	19	20	21	22	23	24	25	26
x	15	10	2	x	3	x	7,8	9	6,16,18	x	5	x

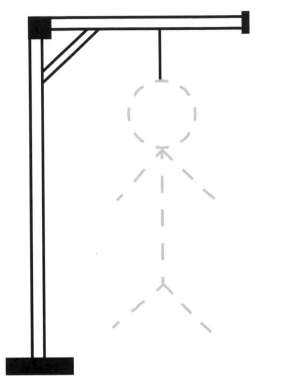

A: 15
B: 6
C: 16
D: 2
E: 4
F: 11
G: 20
H: 5
I: 23
J: 19
K: 22
L: 18
M: 24
N: 12
O: 17
P: 14
Q: 10
R: 21
S: 9
T: 25
U: 7
V: 3
W: 1
X: 13
Y: 26
Z: 8

Category: City

— — — — — — — — — —
1 2 3 4 5 6 7 8 9 10

1	2	3	4	5	6	7	8	9	10	11	12	13
x	x	x	x	8	1	x	x	x	x	x	6	x

14	15	16	17	18	19	20	21	22	23	24	25	26
x	9	x	x	x	x	7	3	x	2,5	4,10	x	x

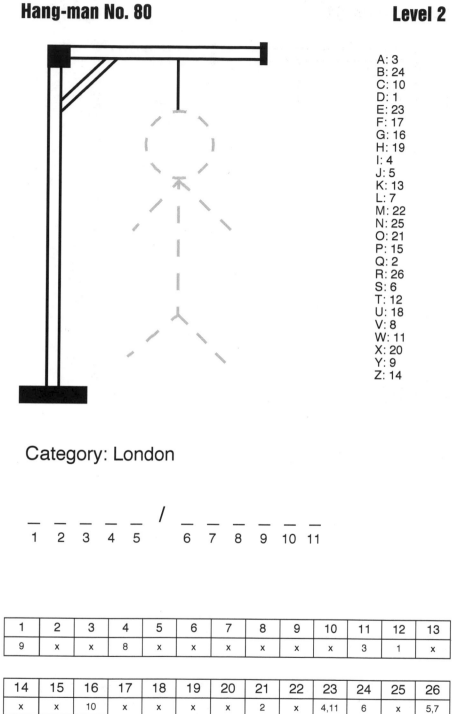

A: 3
B: 24
C: 10
D: 1
E: 23
F: 17
G: 16
H: 19
I: 4
J: 5
K: 13
L: 7
M: 22
N: 25
O: 21
P: 15
Q: 2
R: 26
S: 6
T: 12
U: 18
V: 8
W: 11
X: 20
Y: 9
Z: 14

Category: London

__ __ __ __ __ / __ __ __ __ __ __
1   2   3   4   5   6   7   8   9   10   11

1	2	3	4	5	6	7	8	9	10	11	12	13
9	x	x	8	x	x	x	x	x	x	3	1	x

14	15	16	17	18	19	20	21	22	23	24	25	26
x	x	10	x	x	x	x	2	x	4,11	6	x	5,7

Hang-man No. 81

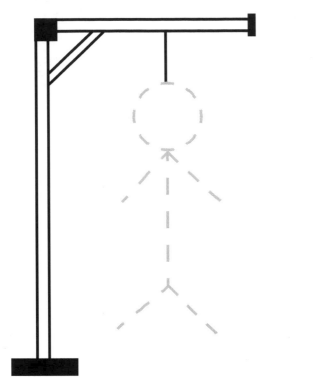

A: 4
B: 5
C: 19
D: 2
E: 23
F: 14
G: 15
H: 16
I: 17
J: 10
K: 1
L: 8
M: 11
N: 21
O: 9
P: 13
Q: 26
R: 3
S: 7
T: 12
U: 25
V: 18
W: 22
X: 20
Y: 24
Z: 6

Category: Famous names

```
_  _  _  _  _  _  _    /  _  _  _   /  _  _  _  _  _  _  _  _  _
1  2  3  4  5  6  7       8  9  10     11 12 13 14 15 16 17 18 19
```

1	2	3	4	5	6	7	8	9	10	11	12	13
x	7	1,6,18	5,17	x	x	x	11	13	x	x	8,19	x

14	15	16	17	18	19	20	21	22	23	24	25	26
x	x	4,9,15	2,12	x	3	x	14	x	10,16	x	x	x

Hang-man No. 82

Level 2

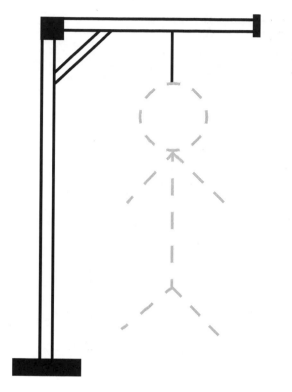

A: 10
B: 3
C: 15
D: 21
E: 7
F: 19
G: 22
H: 14
I: 17
J: 24
K: 4
L: 16
M: 20
N: 5
O: 9
P: 1
Q: 23
R: 2
S: 6
T: 13
U: 12
V: 26
W: 25
X: 8
Y: 11
Z: 18

Category: Hard to spell

$$\overline{}_{1} \quad \overline{}_{2} \quad \overline{}_{3} \quad \overline{}_{4} \quad \overline{}_{5} \quad \overline{}_{6} \quad \overline{}_{7} \quad \overline{}_{8} \quad \overline{}_{9}$$

1	2	3	4	5	6	7	8	9	10	11	12	13
3	x	x	x	8	x	x	x	7	x	x	x	5

14	15	16	17	18	19	20	21	22	23	24	25	26
4,6	x	x	2	x	x	x	1	9	x	x	x	x

Hang-man No. 83

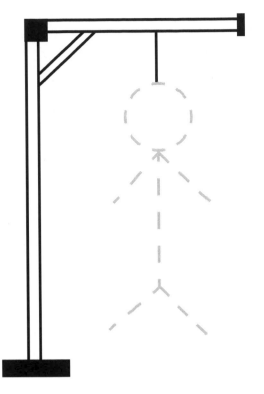

A: 11
B: 8
C: 16
D: 4
E: 3
F: 7
G: 5
H: 21
I: 12
J: 23
K: 24
L: 13
M: 19
N: 14
O: 25
P: 1
Q: 6
R: 26
S: 22
T: 17
U: 18
V: 10
W: 9
X: 2
Y: 20
Z: 15

Category: Gem

$\overline{}$ $\overline{}$ $\overline{}$ $\overline{}$ $\overline{}$ $\overline{}$ $\overline{}$ $\overline{}$ $\overline{}$
1   2   3   4   5   6   7   8   9

1	2	3	4	5	6	7	8	9	10	11	12	13
x	x	9	x	x	4	x	x	x	x	x	7	x

14	15	16	17	18	19	20	21	22	23	24	25	26
x	x	x	1	2,5	x	x	x	8	x	x	6	3

A: 15
B: 12
C: 10
D: 1
E: 4
F: 26
G: 25
H: 17
I: 21
J: 20
K: 6
L: 3
M: 8
N: 22
O: 18
P: 2
Q: 7
R: 13
S: 9
T: 16
U: 19
V: 5
W: 11
X: 24
Y: 23
Z: 14

Category: Travel

$\overline{}$ $\overline{}$ $\overline{}$ $\overline{}$ $\overline{}$ $\overline{}$ $\overline{}$ $\overline{}$
1 2 3 4 5 6 7 8

1	2	3	4	5	6	7	8	9	10	11	12	13
x	x	x	2	x	x	x	x	x	x	8	x	6

14	15	16	17	18	19	20	21	22	23	24	25	26
x	3	4	1,5	7	x	x	x	x	x	x	x	x

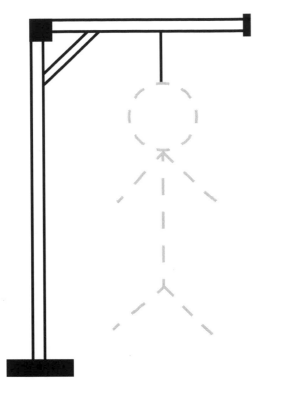

A: 10
B: 22
C: 24
D: 3
E: 12
F: 11
G: 8
H: 26
I: 20
J: 14
K: 5
L: 9
M: 16
N: 13
O: 2
P: 17
Q: 15
R: 23
S: 7
T: 19
U: 4
V: 18
W: 1
X: 25
Y: 21
Z: 6

Category: Famous names

_ _ _ _ / _ _ _ _ _ _
1 2 3 4   5 6 7 8 9 10

1	2	3	4	5	6	7	8	9	10	11	12	13
x	x	x	8	1	x	x	4	x	6	x	10	3,7

14	15	16	17	18	19	20	21	22	23	24	25	26
x	x	x	x	x	9	2	x	x	x	5	x	x

A: 5
B: 20
C: 26
D: 12
E: 15
F: 9
G: 24
H: 22
I: 13
J: 17
K: 18
L: 1
M: 10
N: 3
O: 25
P: 6
Q: 7
R: 16
S: 2
T: 11
U: 8
V: 21
H: 22
W: 19
X: 14
Y: 23
G: 24
O: 25
C: 26
Z: 4

Category: Geography

$$\underline{\quad}_{1}\ \underline{\quad}_{2}\ \underline{\quad}_{3}\ \underline{\quad}_{4}\ /\ \underline{\quad}_{5}\ \underline{\quad}_{6}\ \underline{\quad}_{7}\ \underline{\quad}_{8}\ \underline{\quad}_{9}\ \underline{\quad}_{10}\ \underline{\quad}_{11}\ \underline{\quad}_{12}$$

1	2	3	4	5	6	7	8	9	10	11	12	13
1	x	x	x	2,12	x	x	x	x	x	8	x	6,11

14	15	16	17	18	19	20	21	22	23	24	25	26
x	4	10	x	3	x	x	5	x	x	x	9	7

Hang-man No. 87

Level 2

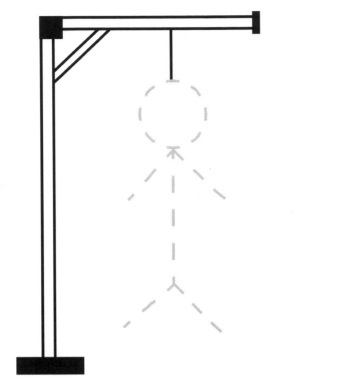

A: 11
B: 24
C: 8
D: 13
E: 14
F: 6
G: 1
H: 16
I: 21
J: 22
K: 20
L: 17
M: 2
N: 15
O: 10
P: 19
Q: 5
R: 9
S: 26
T: 18
U: 12
V: 3
W: 7
X: 4
Y: 25
Z: 23

Category: Landmark

_ _ _ _ _ _ _ _ / _ _ _ _ _ _
1 2 3 4 5 6 7 8   9 10 11 12 13 14

1	2	3	4	5	6	7	8	9	10	11	12	13
13	x	x	x	x	x	x	x	2,10	3,4	x	x	12

14	15	16	17	18	19	20	21	22	23	24	25	26
14	8	x	6	x	x	5	11	x	x	1,9	7	x

Hang-man No. 88

A: 21
B: 24
C: 8
D: 7
E: 5
F: 10
G: 25
H: 18
I: 26
J: 19
K: 4
L: 6
M: 20
N: 17
O: 15
P: 11
Q: 1
R: 2
S: 23
T: 12
U: 22
V: 14
W: 9
X: 13
Y: 3
Z: 16

Category: Food

__ __ __ __ __ __ __ __ __ __ / __ __ __ __ __
1   2   3   4   5   6   7   8   9 10   11 12 13 14 15

1	2	3	4	5	6	7	8	9	10	11	12	13
x	3,7	x	x	6	x	x	x	x	x	11	9	x

14	15	16	17	18	19	20	21	22	23	24	25	26
x	x	13,14	x	5	x	1	2,10,15	x	x	x	4	8,12

Hang-man No. 89

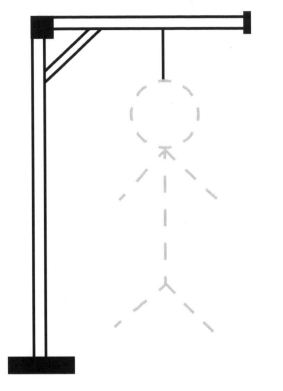

A: 15
B: 4
C: 20
D: 6
E: 21
F: 14
G: 10
H: 16
I: 8
J: 19
K: 2
L: 18
M: 24
N: 7
O: 1
P: 22
Q: 9
R: 5
S: 3
T: 12
U: 17
V: 13
W: 25
X: 11
Y: 26
Z: 23

Category: Shape

— — — — — — — — — — — — —
1 2 3 4 5 6 7 8 9 10 11 12 13

1	2	3	4	5	6	7	8	9	10	11	12	13
9	x	x	x	3,11	x	x	x	x	10	x	x	x

14	15	16	17	18	19	20	21	22	23	24	25	26
x	2,4,12	x	x	5,6,8	x	x	7	1	x	13	x	x

Hang-man No. 90

A: 1
B: 2
C: 25
D: 20
E: 18
F: 17
G: 11
H: 14
I: 26
J: 4
K: 9
L: 7
M: 8
N: 15
O: 21
P: 5
Q: 19
R: 10
S: 24
T: 12
U: 3
V: 6
W: 23
X: 22
Y: 13
Z: 16

Category: Famous names

__ __ __ __ __ __ __ / __ __ __ __ __ __
1 2 3 4 5 6 7   8 9 10 11 12 13

1	2	3	4	5	6	7	8	9	10	11	12	13
3,9	x	x	x	x	x	5	x	x	4,10	x	x	x

14	15	16	17	18	19	20	21	22	23	24	25	26
2	13	x	x	6	x	8	x	x	11	7	1	12

Hang-man No. 91

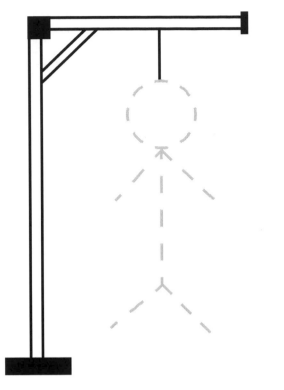

A: 10
B: 8
C: 11
D: 25
E: 20
F: 13
G: 24
H: 21
I: 23
J: 16
K: 1
L: 14
M: 6
N: 2
O: 12
P: 26
Q: 3
R: 19
S: 18
T: 9
U: 15
V: 7
W: 5
X: 4
Y: 17
Z: 22

Category: City

$\overline{}$ $\overline{}$ $\overline{}$ $\overline{}$ $\overline{}$ $\overline{}$ $\overline{}$ $\overline{}$ $\overline{}$
1 2 3 4 5 6 7 8 9

1	2	3	4	5	6	7	8	9	10	11	12	13
x	8	x	x	x	1	x	4	x	x	x	5	x

14	15	16	17	18	19	20	21	22	23	24	25	26
3	6	x	x	x	7	2,9	x	x	x	x	x	x

Hang-man No. 92

Level 2

A: 10
B: 18
C: 24
D: 20
E: 8
F: 1
G: 4
H: 11
I: 26
J: 3
K: 23
L: 2
M: 7
N: 13
O: 5
P: 15
Q: 25
R: 14
S: 16
T: 21
U: 19
V: 17
W: 9
X: 22
Y: 6
Z: 12

Category: Geography

$\underline{}_{1} \ \underline{}_{2} \ \underline{}_{3} \ \underline{}_{4} \ \underline{}_{5} \ \underline{}_{6} \ / \ \underline{}_{7} \ \underline{}_{8} \ \underline{}_{9} \ \underline{}_{10} \ \underline{}_{11}$

1	2	3	4	5	6	7	8	9	10	11	12	13
x	x	x	x	5	x	2	10	x	1,3	x	4	6

14	15	16	17	18	19	20	21	22	23	24	25	26
7,11	x	x	9	x	x	x	x	x	x	x	x	8

Hang-man No. 93 Level 2

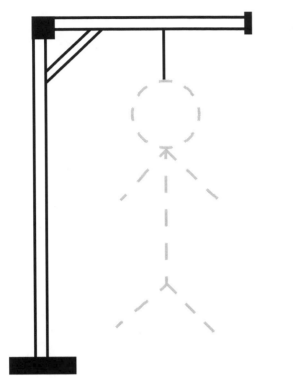

A: 2
B: 12
C: 22
D: 26
E: 7
F: 16
G: 1
H: 24
I: 20
J: 11
K: 19
L: 3
M: 10
N: 18
O: 6
P: 8
Q: 13
R: 4
S: 9
T: 5
U: 17
V: 21
W: 23
X: 25
Y: 15
Z: 14

Category: Weather

— — — — — — — — — — — —
1   2   3   4   5   6   7   8   9   10 11 12

1	2	3	4	5	6	7	8	9	10	11	12	13
x	x	5	x	x	6	x	x	12	3,9	x	10	x

14	15	16	17	18	19	20	21	22	23	24	25	26
x	x	x	2,4,11	7	x	8	x	1	x	x	x	x

Hang-man No. 94

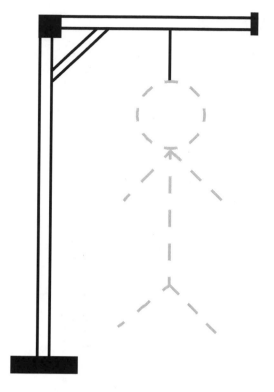

A: 25
B: 22
C: 26
D: 18
E: 15
F: 3
G: 24
H: 23
I: 21
J: 12
K: 6
L: 19
M: 2
N: 4
O: 10
P: 1
Q: 13
R: 11
S: 5
T: 9
U: 8
V: 17
W: 20
X: 16
Y: 7
Z: 14

Category: Art

$\underset{1}{\_}\ \underset{2}{\_}\ \underset{3}{\_}\ \underset{4}{\_}\ /\ \underset{5}{\_}\ \underset{6}{\_}\ \underset{7}{\_}\ \underset{8}{\_}$

1	2	3	4	5	6	7	8	9	10	11	12	13
x	1	x	3	7	x	x	x	x	2	x	x	x

14	15	16	17	18	19	20	21	22	23	24	25	26
x	x	x	x	x	5	x	6	x	x	x	4,8	x

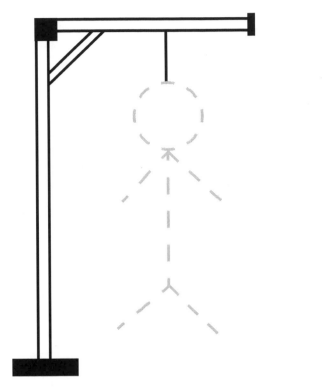

A: 8
B: 10
C: 24
D: 18
E: 21
F: 23
G: 15
H: 11
I: 9
J: 17
K: 6
L: 5
M: 4
N: 12
O: 26
P: 19
Q: 2
R: 7
S: 22
T: 16
U: 1
V: 13
W: 3
X: 20
Y: 25
Z: 14

Category: Art

_ _ _ / _ _ _ _ _ _ _ _ _ _ _ _
1 2 3   4 5 6 7 8 9 10 11 12 13 14 15

1	2	3	4	5	6	7	8	9	10	11	12	13
x	x	x	x	4	x	1	x	5,14	x	7	10,15	x

14	15	16	17	18	19	20	21	22	23	24	25	26
x	x	8,12	x	x	x	x	9,13	11	x	6	3	2

Hang-man No. 96

A: 3
B: 25
C: 12
D: 24
E: 7
F: 20
G: 11
H: 18
I: 17
J: 5
K: 19
L: 13
M: 9
N: 10
O: 22
P: 15
Q: 21
R: 16
S: 14
T: 6
U: 23
V: 26
W: 1
X: 2
Y: 4
Z: 8

Category: Famous names

_ _ _ _ _ _ / _ _ _ _ _ _ _ _
1 2 3 4 5 6   7 8 9 10 11 12 13 14

1	2	3	4	5	6	7	8	9	10	11	12	13
x	x	1	x	x	6,11	4,7,12	x	x	9,14	x	x	2

14	15	16	17	18	19	20	21	22	23	24	25	26
10	x	5	8,13	x	x	x	x	x	x	x	3	x

Hang-man No. 97

Level 2

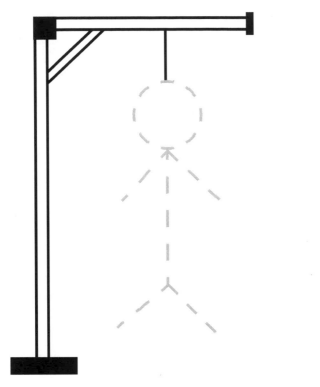

A: 24
B: 8
C: 2
D: 5
E: 4
F: 16
G: 20
H: 14
I: 22
J: 19
K: 21
L: 3
M: 7
N: 17
O: 15
P: 9
Q: 10
R: 12
S: 11
T: 25
U: 13
V: 6
W: 18
X: 26
Y: 23
Z: 1

Category: Science

_ _ _ _ _ _ / _ _ _ _ _ _ _ _ _
1 2 3 4 5 6   7 8 9 10 11 12 13 14 15

1	2	3	4	5	6	7	8	9	10	11	12	13
x	12	5,9	6,8, 10,15	x	x	x	3,4	14	x	11	x	2

14	15	16	17	18	19	20	21	22	23	24	25	26
1	13	x	x	x	x	x	x	x	x	x	7	x

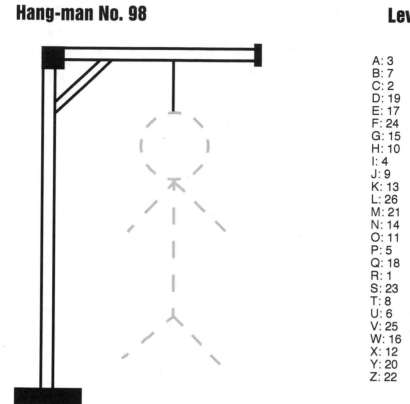

A: 3
B: 7
C: 2
D: 19
E: 17
F: 24
G: 15
H: 10
I: 4
J: 9
K: 13
L: 26
M: 21
N: 14
O: 11
P: 5
Q: 18
R: 1
S: 23
T: 8
U: 6
V: 25
W: 16
X: 12
Y: 20
Z: 22

Category: Art

```
 _   _   _   /   _   _   _   _   _   /   _   _   _   _   _
 1   2   3       4   5   6   7   8       9  10  11  12  13
```

1	2	3	4	5	6	7	8	9	10	11	12	13
x	12	10	5	x	x	x	1,8,11	x	2,7,13	x	x	x

14	15	16	17	18	19	20	21	22	23	24	25	26
4	6	9	3	x	x	x	x	x	x	x	x	x

Hang-man No. 99

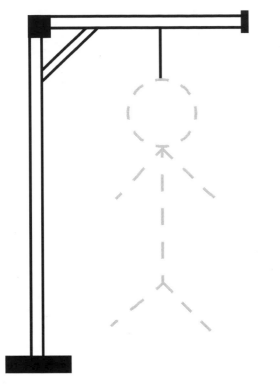

A: 8
B: 9
C: 23
D: 18
E: 4
F: 3
G: 2
H: 10
I: 20
J: 5
K: 22
L: 24
M: 13
N: 25
O: 7
P: 21
Q: 16
R: 6
S: 12
T: 17
U: 26
V: 1
W: 11
X: 14
Y: 19
Z: 15

Category: City

—	—	—	—	—	—	—	—	—
1	2	3	4	5	6	7	8	9

1	2	3	4	5	6	7	8	9	10	11	12	13
3	x	x	4	x	5	7,8	x	x	x	x	x	x

14	15	16	17	18	19	20	21	22	23	24	25	26
x	x	x	x	x	x	2	6	x	x	1,9	x	x

Hang-man No. 100 — Level 2

A: 14
B: 16
C: 1
D: 21
E: 8
F: 26
G: 6
H: 7
I: 25
J: 11
K: 3
L: 19
M: 4
N: 9
O: 17
P: 18
Q: 23
R: 2
S: 13
T: 24
U: 20
V: 15
W: 10
X: 12
Y: 5
Z: 22

Category: Invention

___ ___ ___ ___ ___ ___ ___ ___
 1   2   3   4   5   6   7   8

1	2	3	4	5	6	7	8	9	10	11	12	13
1	8	x	3	x	x	x	7	x	x	x	x	x

14	15	16	17	18	19	20	21	22	23	24	25	26
x	x	x	2	4	x	5	x	x	x	6	x	x

Solutions

1) Pointillism
2) Sagrada Familia
3) Venus De Milo
4) Anna Karenina
5) Great Expectations
6) Saint Petersburg
7) Kingfisher
8) Kuala Lumpur
9) Fish And Chips
10) Toad In The Hole
11) Trafalgar Square
12) Australian Open
13) Friedrich Nietzsche
14) Isaac Newton
15) Christopher Columbus
16) Golden Eagle
17) Agatha Christie
18) Captain Cook
19) Cosmopolitan
20) Don Quixote
21) Madrid Barajas
22) Mediterranean Sea
23) The Serengeti
24) Baa Baa Black Sheep
25) Alligator
26) Jules Rimet Trophy
27) Queen Elizabeth
28) California
29) Brothers Grimm
30) Quantum Mechanics
31) Antonio Vivaldi
32) Rumpelstiltskin
33) The White House
34) The Time Machine
35) William Shakespeare
36) Bank Of England
37) Christ The Redeemer
38) Swallowtail
39) Cambridge
40) Impressionism
41) Back To The Future
42) Pride And Prejudice
43) Cappuccino
44) Horn Of Africa
45) Hansel And Gretel
46) Tourmaline
47) Vincent Van Gogh
48) Treasure Island
49) Telephone
50) Silver Birch
51) Ultramarine
52) Michael Faraday
53) Andromeda
54) Diplodocus
55) Cardiff
56) Battle Of Waterloo
57) Richard The Lionheart
58) Dwight Eisenhower
59) Banana Split
60) Great Expectations
61) War And Peace
62) Pyotr Tchaikovsky
63) Kilimanjaro
64) Edouard Manet
65) Microwave
66) Daffodil
67) Gold Medal
68) Mount Everest
69) Edward Hopper
70) Martin Heidegger
71) Jupiter
72) Table Mountain
73) Pyramids Of Giza
74) Francis Drake

75) Stargazy Pie
76) John The Baptist
77) Eiffel Tower
78) Spaghetti Bolognese
79) Birmingham
80) Tower Bridge
81) Richard The Lionheart
82) Diphthong
83) Turquoise
84) Heathrow
85) King Canute
86) Lake Victoria
87) Brooklyn Bridge
88) Margherita Pizza
89) Parallelogram
90) Charles Darwin
91) Melbourne
92) Amazon River
93) Cumulonimbus
94) Mona Lisa
95) Roy Lichtenstein
96) Albert Einstein
97) Hubble Telescope
98) The Night Watch
99) Liverpool
100) Computer

Made in the USA
San Bernardino, CA
09 August 2018